MICHAEL MORGENSTERN

HOW TO MAKE LOVE TO A WOMAN

So macht man Liebe mit einer Frau

Deutsche Erstveröffentlichung

WILHELM HEYNE VERLAG
MÜNCHEN

HEYNE-BUCH Nr. 01/6249
im Wilhelm Heyne Verlag, München

Titel der amerikanischen Originalausgabe
HOW TO MAKE LOVE TO A WOMAN
Deutsche Übersetzung von Nora Jensen

Printed in Germany 1983
Umschlaggestaltung: Atelier Heinrichs & Schütz, München
Gesamtherstellung: Elsnerdruck GmbH, Berlin

ISBN 3-453-01783-8

Für das
schöne Geschlecht

DANKSAGUNG

Als erstes möchte ich mich bei all den Leuten bedanken, die während der Interviews, welche die Grundlage für dieses Buch bilden, so offenherzig mit mir gesprochen haben. Es sind zu viele, um sie einzeln zu nennen, aber ich kann nicht umhin, die Beiträge von einigen wenigen, die mir am meisten geholfen haben, hervorzuheben: Jim Allen, Beth Atkin, Orith Bender, Norma Lee Clark, Joseph Hartzler, Susan Hunter, Karen Huston, Melody Kimmel, Susan Korb, Alice Long, Helen Manning, Roni Margolis, Bonnie Naifeh, Wendy Resnick, Christine Reynolds, Gaby Rodgers, Arthur Slaven, Nancy Starr, Maurizia Tovo und Dimitri Vassilopoulos. Sachdienliche medizinische Informationen und Ratschläge habe ich von Dr. Barbara Mitchell, gynäkologische und Geburtshilfe-Abteilung, und Dr. Robert Wilkins, radiologische Abteilung, beide am Mount Sinai Medical Center New York, erhalten. Mein besonderer Dank gilt vier Psychologen: Dr. Bryan Campden-Main und May Linda Fara aus Fairfax, Virginia, Dr. Lewis M. K. Long aus Arlington, Virginia, Dr. Marilyn Machlowitz aus New York. Wichtige Beiträge zu dem Buch haben die Herren aus dem Ray's Escort Service, New York, geleistet.

Meine Sekretärin, Connie Clausen, hat mich während der gesamten Arbeitszeit großzügig unterstützt. Ich bin ihr und ihrer bezaubernden und fähigen Freundin, Nancy Trichter, dankbar, daß sie das Buch gelesen und einige verständnisvolle Kommentare dazu abgegeben haben. Ebenso möchte ich meiner Lektorin bei Clarkson N. Potter, Carol Southern, danken. Carol hat weit mehr Zeit und Arbeit in das Buch gesteckt, als es eine Lektorin gewöhnlich tut, und sie ist verantwortlich für viele Veränderungen, die es sowohl inhaltlich als auch strukturell wesentlich verbessert haben.

Schließlich haben mir zwei Freunde, Steven Naifeh in New York und Gregory White Smith in Los Angeles, unschätzbare Hilfe beim Recherchieren und Schreiben geleistet. Ohne ihre Mitarbeit wäre dieses Buch nicht entstanden.

M. M.
New York City

INHALT

»Wie man eine Frau behandelt?
Es gibt einen Weg«, sagte ein weiser, alter Mann,
»einen Weg, den jede Frau kennt,
seit dieses ganze Geschwätz begann.«

»Soll ich ihr schmeicheln?« bat ich um Antwort,
»soll ich drohen, ihr schön tun oder flehen?
Soll ich den Denker spielen oder den Hanswurst?«
»Nein«, sagte er lächelnd, »so kann es nicht gehen.

Wie man eine Frau behandelt?
Merk es dir gut, ich werde es dir sagen.
Der Weg ist, sie zu lieben,
sie einfach zu lieben,
sie nur zu lieben,
sie lieben,
sie lieben.«

Lerner and Loewe, CAMELOT

1.
Was wünschen sich die Frauen?

Wie die meisten Männer in meinem Alter habe ich Sex kennengelernt, lange bevor ich die Liebe erlebt habe. Die meisten mir bekannten Frauen sind zu dem gleichen Ergebnis wie ich gekommen, nur sind sie genau den anderen Weg gegangen – sie haben lange über die Liebe fantasiert, bevor sie etwas über Sex wußten. Ich bin heute davon überzeugt, daß diese beiden verschiedenen Wege uns zu erklären helfen, warum sowohl für Männer als auch für Frauen die Zusammenhänge zwischen diesen beiden großen Kräften – Liebe und Sex – so verwirrend sind.

Das ist in Kürze der Inhalt dieses Buches – Sex und Liebe. Worin unterscheiden sie sich? Worin sind sie gleich? Und, die Hauptsache, worin sind sie unzertrennlich? Wenn man innerhalb der letzten zwei Jahrzehnte jeden Mann in Amerika über den Zusammenhang zwischen Sex und Liebe befragt hätte, wären die Antworten, glaube ich, von Jahr zu Jahr verschiedener ausgefallen. Seit dem Tag in den fünfziger Jahren, als mir ein lebenskundiger Klassenkamerad zum erstenmal alles zu erklären versuchte, und ich nur sagte: »Ich kann es nicht glauben!«, haben wir eine Zeit von drastischen Veränderungen in bezug auf die Sexualmoral und die sexuelle Rollenverteilung durchgemacht.

Der Wandel war sogar so groß, daß die meisten Männer nicht mehr wissen, was eigentlich von ihnen erwartet wird. In den meisten Männerzeitschriften liest man immer wieder die Frage: ›Was wünschen sich die Frauen?‹ Die Antwort darauf ist sehr schwierig, denn sie wechselt häufig. Als wir die ersten Versuche machten, Frauen das zu geben, was sie sich wünschten (aber auch schon Jahre vorher), verlangten sie nach einem MANN – aber in Großbuchstaben. Sie wollten ihr Essen im Restaurant bezahlt, ihre Stühle zurechtgeschoben, die Tür vor ihnen geöffnet, ihre Kochkünste bewundert, ihre Jungfernhäute behütet und die Ringe möglichst schnell am Finger wissen – das haben wir uns jedenfalls eingebildet.

Dann plötzlich, so um die Zeit herum, als ich ins College ging, fingen die Dinge an, sich zu verändern. Anscheinend wollten die Frauen überhaupt nichts mehr von den oben erwähnten Verhältnissen wissen. Statt dessen forderten sie freizügigen Sex, keine Kinder, gleiche Bezahlung, unsere Plätze in den juristischen und medizinischen Fakultäten und hinterher unsere Jobs. Wie viele Männer in meiner Umgebung fand ich diese Forderung durchaus vernünftig und begrüßenswert.

Nicht alle waren damit einverstanden, aber es traf sich, daß auch nicht alle Frauen nach solchen zustimmenden Männern suchten.

So versuchten die Männer nun nach all den Jahren, in denen sie Romanzen inszeniert und die Frauen auf ein Podest gestellt hatten, sich in der neuen Situation zurechtzufinden und mit dem Wettkampf und der gleichberechtigten Partnerschaft fertig zu werden. Vielen von uns ist diese Umstellung nicht leicht gefallen. Der Sex – dieser immerwährende menschliche Trieb – hat die Schwankungen ganz gut überstanden. In gewisser Weise blühte er unter den gelockerteren Bedingungen auf – abenteuerlustige Singles, offene Partnerschaften und wilde Ehen waren die Folge. Der Mangel an Maßstäben hat bestimmt unseren sexuellen Erfindungsreichtum herausgefordert.

Was aber ist mit der Romantik geschehen? Was wurde aus den Abendessen bei Kerzenlicht, den Liebesgäßchen und den Dutzend Rosensträußen? Leider wurden sie von vielen Frauen als unwillkommene Erinnerung an die Zeit, da sie noch als belanglose Ornamente, Spielzeug und Amüsierdamen behandelt worden waren, abgelehnt. Wie Millionen anderer Männer bin ich bei einer Frau, die ich mochte, in Teufels Küche gekommen, weil ich ›romantisch‹ war – und zwar im alten Sinne. Ich habe meine Lektion gelernt, aber ich habe mich dabei nie so richtig wohl gefühlt. Dennoch versuchte ich, nicht mehr romantisch zu denken. Wenn dann eine Frau, in die ich verliebt war, zu mir sagte, ich solle sie doch so behandeln, wie ich es ›mit einem Mann machen würde‹, geriet ich in echte Schwierigkeiten. In diesem Augenblick fühlte ich mich völlig verloren.

So entdeckte ich, daß sich das Dilemma des modernen Mannes in die Betten hineingeschlichen hatte. Die Dinge, von denen ich einmal geglaubt hatte, sie würden einer Frau wirklich gefallen – wenn ein Mann die Initiative übernimmt, wenn er sie streichelt, wenn er ihr in jeder nur möglichen Weise entgegenkommt –, galten plötzlich als ›sexistisch‹ – eine in diesem Zusammenhang merkwürdige Beleidigung. Es gab nichts, was nicht in Frage gestellt wurde – Stellungen, Techniken, Zeiteinteilung, Rollen, Witze, ja sogar das Fantasieren. Eine Zeitlang schien es, als ob die Romantik – und damit auch die Liebe – aus dem Bett verscheucht werden sollten.

Während der letzten zehn Jahre habe ich Dutzende von Männern getroffen, die mit diesem Problem in Berührung gekommen waren. Freunde riefen mich mitten in der Nacht an, weil ihre Partnerinnen einfach aus dem Schlafzimmer stolziert waren, wegen irgend etwas, das sie gesagt oder getan oder nicht gesagt und nicht getan hatten. Lange Nächte habe ich mit Gruppen von Männern einzig über das Problem diskutiert, was Frauen denn nun *wirklich* wollen. Ich habe die Sonne über dieser Frage aufgehen sehen, ohne daß wir befriedigende Antworten gefunden hätten.

Das Problem dieser Diskussionen war natürlich,

daß wir mit den falschen Leuten sprachen. Das wurde mir plötzlich klar, als mich eine Bekannte auf Alexandra Pennys Buch *So macht man Liebe mit einem Mann* aufmerksam machte. Es basierte auf mehreren hundert Interviews mit *Männern*. Unser Fehler war offensichtlich – wir hätten mit Frauen darüber sprechen sollen, wie wir sie lieben sollten.

Mit Hilfe von einigen Schriftstellerfreunden begann ich, mit jeder Frau, die ich finden konnte und die dazu bereit war, über Liebe und Sex zu sprechen. Einige von ihnen habe ich gut gekannt, andere waren Freundinnen von Bekannten, die meisten waren völlig Fremde. Darauf kam es nicht an. Ich konnte alle Informationen gebrauchen.

Die Interviews dauerten manchmal nur wenige Minuten, andere einen ganzen Tag und die Nacht hindurch, und sie wurden sowohl übers Telefon als auch im persönlichen Gespräch gemacht. Bei diesen vielen hundert Gesprächen entdeckten wir, daß die Frauen genauso verwirrt sind. Die Jahre, in denen die Wertvorstellungen sich von Schwesternschaftsfeiern bis hin zur Büroromantik veränderten, haben auch *sie* betäubt zurückgelassen. Viele Frauen sind sich nicht einmal mehr darüber im klaren, wonach sie beim Sex suchen.

Viele fühlen sich ›befreit‹ und finden, daß die Frauenbewegung gut für die Frauen war. Sie hat ihnen gezeigt, was es bedeutet, eine unabhängige, gleichberechtigte, ›vollwertige‹ Persönlichkeit zu sein. Aber sie wissen eigentlich nicht, welche Rolle der Sex im Leben einer befreiten, ganzheitlichen

Frau spielen soll. Wie kann eine Frau ›gleich‹ sein – und sich dennoch im Bett unterschiedlich verhalten? Was bedeutet es, weiblich zu sein – oder männlich? Hängt das von der Einstellung ab oder von der sexuellen Rolle, oder gibt es nur anatomische Unterschiede? Was passiert beim Sex, wenn Frauen *und* Männer sich von ihren traditionellen Rollen befreien? Diese Fragen sind sehr wichtig, und viele Menschen – Männer wie Frauen – haben immer noch keine schlüssigen Antworten darauf gefunden.

Nachdem ich mit so vielen Frauen geredet hatte, wurde mir eine Sache ganz deutlich. Frauen sind einfach nicht an Sex ohne Liebe interessiert. Sie wollen Männer, die sich emotional engagieren – Männer, die vor, während und nach dem Sex ihr Interesse zeigen. Sie wünschen sich Männer, die verstehen, daß Sex sowohl Geben als auch Empfangen, gegenseitige Hingabe *und* gegenseitiges Genießen ist. Ob junge oder alte, verheiratete oder alleinstehende, karrierebewußte Frauen oder Hausfrauen, alle Frauen, mit denen ich gesprochen habe, wünschen sich mehr als Sex. Sie möchten die Liebe erleben – und sie möchten, daß man ihnen ein Liebesfest bereitet.

Die Romantik ist zurückgekehrt. Oder vielleicht hat sie uns, wie eine Frau vermutete, nie verlassen, sondern ist nur eine Zeitlang untergetaucht. All die Dinge, die wir Männer in den fünfziger Jahren unternommen hatten, über die wir in den sechziger Jahren lachten und die wir während der siebziger Jahre vergessen hatten, tauchten plötzlich in den Fantasien der Frauen wieder auf – Kerzenlicht, Blumen, Musik, Geschenke, Ausgehen, Bootsfahrten, Tanzen, Werbung, Komplimente, Verläßlichkeit und liebevolle Besorgnis des Mannes. Wenn die Frauen darüber sprachen, hörte es sich an, als entdeckten sie eine verlorene, schmerzlich vermißte Welt wieder.

Aber es existiert ein Unterschied. Die Frauen, mit denen ich gesprochen habe, wünschen keine Rückkehr zu den fünfziger Jahren. Es sind intelligente, äußerst unabhängige Frauen. Viele haben Karriere gemacht und halten das für einen wichtigen, befriedigenden Teil ihres Lebens. Ob ihre Befreiung nun im Büro oder zu Hause stattgefunden hat, für diese Frauen sind die Lektionen der Frauenbewegung nicht umsonst gewesen.

Nein. Die meisten von ihnen möchten ›vollwertige‹ Frauen sein, und sie wünschen sich von einem Mann, daß er ihre Selbständigkeit respektiert, auch wenn er mit ihnen Liebe macht. Eine Frau hat einmal zu mir gesagt: »Sex ist etwas, das man mit einem Organ macht. Liebe macht man mit einer Person. Liebe bedeutet, sich einander emotional nahe zu fühlen, auch wenn man keine Lust zum Sex hat. Liebe heißt, *besseren* Sex zu genießen, weil man sich dem Partner emotional nahe fühlt. Ich wünsche mir Liebe.«

Die Frauenbewegung hat mir und den meisten mir bekannten Männern eine wichtige Lektion erteilt. Aber das Thema war nicht die Gleichberechtigung. Wer glaubt denn wirklich noch in der zweiten Hälfte des zwanzigsten Jahrhunderts, daß Frauen ›minderwertig‹ seien? Der Inhalt der Lektion behandelt das weibliche Potential. Wir haben gelernt, daß Frauen Kräfte besitzen, die wir nie an ihnen entdeckt hatten. Sie können leitende Angestellte sein, aber genausogut Sekretärinnen, sie beherrschen Managerpositionen ebensogut wie die Mutterschaft, sind sowohl hingabefähige Geliebte als auch Damen. Die Frauen haben sich nicht verändert, sondern unsere *Wahrnehmung* von ihnen und den Dingen, die sie tun können, hat sich drastisch verschärft.

Es ist nur ein Problem, daß Frauen immer noch Frauen sind und immer noch weibliche Bedürfnisse haben. Wir Männer haben den Fehler gemacht zu denken, daß die Frauen nun anders sind als vorher – eben mehr wie Männer. Doch tatsächlich sind sie in noch viel größerem Maße das, was sie früher waren. Männer haben die sexuelle Gleichberechtigung mit sexueller Gleichheit verwechselt.

Einer meiner Freunde, der enttäuscht war und wirklich sehr viel Pech mit den Frauen hatte, sagte mir einmal: »Ich mag selbständige Frauen. Man muß sich nicht um sie kümmern. Sie sorgen schon für sich selbst. Man hat den besten Teil von beiden Welten: du bekommst die unbeschwerte Gesellschaft eines Kumpels und den Sex obendrein.« Ich antwortete ihm, daß mich bei seiner Einstellung sein Pech überhaupt nicht mehr wunderte.

›Gleich‹ bedeutet nicht ›dasselbe‹. Und die meisten Frauen, die ich kenne, machen das sehr schnell deutlich. Sogar eine mir bekannte Feministin sagt: »Eine Frau kann einen verantwortungsvollen Beruf ausüben, soviel Geld verdienen wie ihr Mann oder Freund und im Bett trotzdem noch weiblich sein.« Die Lektion ist klar: Respekt vor Frauen bedeutet nicht, daß man mit ihnen keine Liebe machen kann.

Doch viele selbständige Frauen beklagen sich, daß Männer jetzt zu scheu geworden sind, um die aggressive Rolle zu übernehmen. Seit ihnen die ersten Frauen in Autoritätspositionen begegnet sind, haben sie ihre traditionelle Rolle der Autorität im Bett aufgegeben. »Sogar, wenn man einer Frau die Tür aufhält«, sagte mir ein Freund, »lädt man schon Unheil auf sich. Frauen halten das für den Überrest verachteter stereotyper Verhaltensweisen. Ich bin einmal angeschrien worden, weil ich einer Frau den Stuhl zurechtgerückt habe. Jetzt bin ich klüger.«

Ironischerweise sind die Frauen über das, was mit der sexuellen Rollenverteilung geschieht, genauso beunruhigt wie die Männer. »Die einzigen Männer, die mich auf der Straße noch ansehen, sind Ausländer«, sagte mir eine andere Freundin. »Die amerikanischen Männer sehen einfach an mir vorbei – sie haben Angst, daß ich mich beleidigt fühlen könnte. Das ist nicht nur eine Vermutung. Ich habe mit vielen Männern gesprochen, die mir erzählt haben, sie hätten Angst, als Chauvinist abgestempelt zu werden. Ich glaube, daß viele freie Frauen sexuell unglücklich sind. Wir mögen nicht, was wir mit den Männern gemacht haben. Ich meine, wir haben ihnen Angst vor ihrem eigenen sexuellen Schatten eingejagt.«

Daß man die Fähigkeiten einer Frau anerkennt, bedeutet nicht, daß man die alten sexuellen Rollen aufgeben muß. Ich drücke hier nicht nur die Wunschgedanken eines Mannes aus, der an den alten Rollen seine Freude hat. In den vierziger Jahren dieses Jahrhunderts ging der Anthropologe Frank Beach nach Afrika, um die Kultur von primitiven Stämmen zu erforschen, wo man die beruflichen Rollen von Männern und Frauen vertauscht hatte. Die Frauen arbeiteten auf den Feldern, bestellten die Äcker, sorgten für das Essen und verteidigten das Dorf. Die Männer blieben zu Hause, führten den Haushalt und erzogen die Kinder.

Dr. Beach wollte wissen, was geschehen würde, wenn diese Menschen miteinander schliefen. Seine Entdeckungen haben ihn überrascht. Ungeachtet ihrer täglichen Aktivitäten spielten die meisten Frauen in der Nacht eine ›weibliche‹, die Männer die ›männliche‹ Rolle. Ich will damit sagen, daß die Männer die aggressive Rolle ausübten, den Geschlechtsakt zu initiieren und durchzuführen.

Die Zeit ist reif, den Liebesakt und die Rollen, die Männer und Frauen dabei spielen, neu einzuschätzen. Die Zeit ist reif, wieder einmal zu versichern, daß es für einen Mann richtig ist, eine Frau zu lieben. Wenn man hundert Frauen fragt, was sie sich in den achtziger Jahren vom Sex wünschen, werden neunundneunzig antworten, daß sie eine Neubelebung der Romantik befürworten, daß sie wieder umworben und hofiert werden möchten, daß sie zu den traditionellen Sexualrollen und der Wärme und Intimität, die diese mit sich bringen können, zurückkehren wollen.

»Alles, was ich über meine Zukunft weiß«, sagt eine C.U.N.Y.-Studentin, die gerade zu Beginn der achtziger Jahre in ihre volle Weiblichkeit hineinwächst, »ist, daß ich lieben und geliebt werden möchte. Ich will, daß ein Mann sich mir gegenüber wie ein Mann verhält und ich für ihn eine Frau sein kann. Und, glauben Sie mir, ich habe vor, das zu genießen.«

Dieses Buch behandelt die Rückkehr zur Romantik. Dieses Buch erzählt von der richtigen Liebe.

2.

Keine Machos, keine ›Seelchen‹ mehr

Vor kurzem habe ich einen Abend mit Suzanne verbracht, einer Frau, die ich vom College her kenne. Wir haben uns oft getroffen, wenn sie aus ihrer Heimatstadt Washington auf Geschäftsreise nach New York kam. Sie hat, genau wie ich, noch nicht geheiratet.

Wir aßen in einem kleinen indischen Restaurant zu Abend, und sie fragte mich, womit ich mich gerade beschäftigte. Ich erzählte ihr, daß ich an einem Buch schriebe, das davon handelt, wie man mit Frauen Liebe macht. Sie bat lächelnd: »Erzähl mir davon.« Das tat ich, und sie hörte mir interessiert zu, das Lächeln immer noch auf den Lippen, und ab und zu öffnete sich ihr Mund zu einem charmanten Lachen.

»Worüber schreibst du gerade?« fragte sie mich.

»Über die Frauenbefreiung und ihre Auswirkungen auf den Geschlechtsverkehr«, antwortete ich. »Über Männer und Frauen, die nicht wissen, wie sie miteinander umgehen sollen. Sie haben immer Angst, daß sie etwas Sexistisches tun werden.«

»Ich finde, du betrachtest das ganze vom männlichen Standpunkt aus«, sagte Suzanne, ohne herablassend zu wirken. »Das Problem liegt nicht in der Befreiung der Frau, sondern in der Befreiung des *Mannes*. Die meisten Frauen, die ich kenne, fühlen sich als Frauen und als Gleichberechtigte wohl. Die Männer haben Schwierigkeiten mit der Anpassung. Betty Friedan hat gerade ein Buch geschrieben, das *Das zweite Stadium* heißt.«

Sie zog ein Buch aus ihrer Segeltuchtasche hervor. (Suzanne war lästigerweise schon immer reich mit Hilfsmitteln ausgestattet.) »Es handelt nicht von der Befreiungsbewegung der Frauen, sondern von der Befreiung der Männer. Hör mal zu. Sie beschreibt den Mann als ›ungeschickt, isoliert und verwirrt‹. Das ist für den Anfang schon mal ganz richtig. Dann fährt sie fort: ›Bei all der Aufmerksamkeit, die man während der letzten fünfzehn Jahre der Frauenbewegung gewidmet hat, wurde übersehen, daß viele der alten Grundlagen, auf denen die Männer ihre Identität aufgebaut haben, ins Wanken geraten sind. Die Definition des Mannes als dominantes, überlegenes Wesen, das auf keinen Fall Frau sein will, wird zu einer trügerischen Illusion in einer Zeit, da die wichtigsten Arbeiten in der Gesellschaft keine brutale Muskelkraft mehr erfordern ... Die Schwierigkeit besteht darin, daß die Männer, wenn sie einmal das alte amerikanische Muster von Maskulinität und Erfolg hinter sich gelassen haben – John Wayne, Charles Lindbergh, Jack Kennedy –, genauso verloren bei der Suche nach Modellen für ihre Rolle sind wie die Frauen.«

Suzanne schaute von dem Buch auf. Ich fragte mich, ob es wohl sexistisch sei, immer noch auf große blaue Augen fixiert zu sein.

»Das hier ist besonders interessant«, fuhr sie fort. »Mrs. Friedan sagt, daß Männer sich in ihrer Angst und Verwirrung vollkommen von ihrer Maskulinität zurückgezogen haben. ›Überschwemmt mit sexuellen Informationen aus den Massenmedien, *bemerken* sie (die Frauen), daß ihre Männer keine guten Liebhaber sind, und sie sagen das auch. Männer, die daran gewöhnt sind, als Maß aller Dinge hingestellt zu werden, können in sich zusammenschrumpfen oder die Flucht ergreifen, wenn sie die Erfahrung machen, selber an anderen gemessen zu werden.‹ Klingt ziemlich pessimistisch, nicht wahr?«

Was konnte ich anderes tun als nicken?

»Aber es wird dich überraschen, wie optimistisch Mrs. Friedans Voraussagen sind. Sie behauptet, daß die Frauenbewegung in Wirklichkeit eine Volksbewegung war und daß das Ergebnis eine Gesellschaft sein wird, in der sich alle Menschen – Männer und Frauen gleicherweise – frei genug fühlen werden, um eine ganze Bandbreite von Gefühlen, von Stärke und Selbstvertrauen bis zu Zärtlichkeit und Verletzlichkeit, auszudrücken. Diese Gesellschaft wird weit offen und für jeden eine Wohltat sein. Sie sagt: ›Dann werden Männer genauso wie Frauen nach echter Intimität, Teilhabe und *Gefühlen* fragen ... Es ist wahrscheinlich befremdlich zu vermuten, daß eine neue amerikanische Grenze wie damals zum Wilden Westen existiert, ein neues Abenteuer für die Menschheit, eine neue Herausforderung, die dieser neue Kampf um Ganzheit hervorruft, der Kampf um die Offenheit der Gefühle, um das Leben und das Zusammenleben mit den Frauen auf gleichberechtigter Basis – die Befreiung der Menschen, die mit der Frauenbewegung angefangen hat.‹ Bist du nicht froh, daß wir heute leben?« fragte sie und strich sanft ihr Haar zurück. »Nun laß uns aber essen. Das Tambouri wird langsam kalt.«

Als wir fertig waren sagte sie mit Nachdruck: »Ich bezahle die Rechnung. Denk daran, daß ich dich eingeladen habe.« Doch als wir aufstanden, strahlte sie mich an und fragte: »Hilfst du mir in meinen Mantel?«

Meine Unterhaltung mit Suzanne und anderen Frauen, denen ich seitdem begegnet bin, haben meine Ansicht bestärkt, daß die Rückkehr zu den sexuellen Rollen während der achtziger Jahre keine Wiederauflage der Stereotypen oder des stereotypen Geschlechtsverkehrs sein wird. Die sechziger und siebziger Jahre waren eine Zeit des Bewußtwerdens. Heute wissen wir, daß Frauen Stärke zeigen und trotzdem weiblich sein können und daß Männer zärtlich sein und dabei doch maskulin bleiben können. Wir wissen, daß Frauen schon immer gern ab und zu die aktive Rolle im Bett übernommen haben und daß Männer es von Zeit zu Zeit genossen haben, die Führungsrolle aufzugeben. Sexuelle Liebe ist eine *geteilte* Verantwortung.

Dies unterstreicht auch die Popularität des Buches *So macht man Liebe mit einem Mann* sowie die Beliebtheit der *Rotbuchumfrage* von 1975, eine der größten Umfragen überhaupt, die sich mit weiblicher Sexualität beschäftigt hat. Damals wurde ein Fragebogen mit sechzig Fragen veröffentlicht, auf den beinahe hunderttausend Antworten eingeschickt wurden. (Die berühmte Kinseystudie *Das sexuelle Verhalten der Frau*, basierte auf weniger als achttausend Antworten.)

Aus der *Rotbuchumfrage* geht hervor, daß sechs von zehn Frauen zumindest zur Hälfte den Geschlechtsverkehr anregen. Neun von zehn Frauen übernehmen während des Aktes wenigstens ebenso oft den aktiven Teil (und vier von zehn geben an, daß sie ständig die Aktiven sind). Eine noch aufsehenerregendere Entdeckung: weniger als ein Prozent sind sexuell völlig passiv. Frauen möchten die Verantwortung im Bett teilen.

Leider erhalten einige Männer trotz aller Studien und Umfragen zwei sexuelle Stereotypen, die Frauen am liebsten ausgemerzt wüßten, immer noch aufrecht – auch wenn viele Angst haben, das einzugestehen. Das erste ist die Einbildung, die

Frauen würden wünschen, daß der Mann sie auf ein Podest stellt (das ›Podestsyndrom‹). Das andere ist die Vorstellung, daß die Frauen mit Gewalt genommen werden wollen (das ›Besitzersyndrom‹).

Viele Männer glauben, daß diese beiden Syndrome der weiblichen Fantasie entsprungen sind. Aber die Idee stammt eigentlich aus der männlichen Vorstellungswelt. Selbst wenn Frauen solche Wünsche hätten, haben sie noch lange nichts mit sexueller Liebe zu tun. Eine Frau ist weder ein Objekt, das man verehren muß, noch ein Besitz, der mit brutaler Gewalt genommen werden soll. Sie ist ein Mensch. Sie hat eine menschliche Sensibilität, einschließlich ihrer intimen Sphäre, die durch ungewolltes Eindringen verletzt werden kann, und menschliche Bedürfnisse, einschließlich eines gesunden sexuellen Appetites, die befriedigt werden müssen.

DAS PODESTSYNDROM

Das Podestsyndrom hat seinen Ursprung wahrscheinlich im Mittelalter, in der Zeit ritterlicher Romanzen. Frauen wurden in großen Burgen eingeschlossen und beschäftigten sich hauptsächlich mit Handarbeiten, während die Ritter – buchstäblich in glänzenden Rüstungen – um ihre Gunst kämpften. Die Gunifers dieser Zeit mußten bis zum richtigen Augenblick unberührt bleiben. Beim ersten Anzeichen, daß ihre Reinheit durch einen irregeleiteten Lancelot verletzt sein könnte, gerieten die Arthurs dieser Zeit in Panik und bekamen Wutanfälle.

Es ist nicht so erstaunlich, daß das Podestsyndrom sich in einer Zeit entwickelt hat, in der die sexuellen Rollen streng voneinander unterschieden wurden, aber wohl, daß es das Dahinschwinden dieser Rollen überlebt hat.

»Ich habe mich immer gefragt, ob Frauen wirklich an Sex interessiert sind«, sagte mir ein professioneller Footballspieler aus Dallas. »Meine erste Frau war das süßeste und weiblichste Geschöpf, das ich je getroffen hatte. Ich hatte immer geglaubt, sie würde Sex einfach so hinnehmen, aber dann habe ich ein Gespräch zwischen ihr und alten Collegefreundinnen belauscht. Das hätten Sie hören sollen. Also, die eine sagte: ›Ich mag es unheimlich gern, wenn es einem Mann in meinem Mund kommt.‹ Woraufhin die anderen alle schrien: ›Oh, ich *hasse* das!‹ Sexgespräche, sehr anschaulich, schlimmer als alles, was ich bis dahin in Männerklos erlebt hatte.«

Eine andere Frau erzählte mir von einer Freundin, die kurz nach ihrer Hochzeitsnacht das erstemal an ihrem Mann oralen Sex ausübte. Er zog sich ärgerlich zurück und fragte: »Wo hast du das gelernt?«

In einer jüngeren Umfrage an amerikanischen Studenten gaben zwischen sechzig und siebzig Prozent der Männer an, daß sie lieber eine Jungfrau heiraten würden. Das ist wirklich beachtlich. Die meisten Männer wünschen sich jemanden mit keiner oder möglichst wenig sexueller Erfahrung, jemanden, der *sie* Lehrer sein läßt. Und warum wollen sie der Lehrer sein? Weil ein Lehrer die Regeln aufstellt und die Grenzen setzt.

Jetzt ist die Katze endlich aus dem Sack: Frauen *wollen* Sex. Sie kennen ihn nicht nur, sie genießen ihn auch. Er ist nicht unter ihrer Würde, ›beschmutzt‹ und schändet sie nicht oder schadet ihnen nicht. Frauen sind keine zarten Kreaturen, die wie seltene tropische Blumen besonderer Sorgfalt und Handhabung bedürfen. Und was noch wichtiger ist, sie brauchen keinen Lehrer, der ihnen die richtigen Schritte beibringt oder Regeln aufstellt.

Wenn man eine Frau auf den Sockel stellt, hat man leicht das Problem, daß der Sockel ins Wanken gerät, sobald sie beschließt, sich gehen zu lassen und Liebe zu machen. Ich kannte einen Mann namens George, der sich regelmäßig verliebte und Frauen nachstellte. George behandelte Frauen wie Göttinnen. Er kam oft in meine Wohnung und verbrachte Stunden damit, mir die Vollkommenheit seiner neuesten Aphrodite zu schildern. Er sandte ihr täglich Blumen (George war reich), führte sie in teure Restaurants, ging mit ihr ins Theater, Diskotheken und so weiter. Und innerhalb von zwei Wochen sprach er gewöhnlich von Heirat.

Aber drei oder vier Wochen später war die Affäre vorbei. Warum? Weil George normalerweise nach drei oder vier Wochen in der Lage war, seine Göttin ins Bett zu führen. Und wenn George einmal mit einer Frau geschlafen hatte, verlor er alles Interesse an ihr. Er war nur daran interessiert, eine Frau zu gewinnen, sie selbst war völlig unwichtig. Wenn er sein Ziel erreicht hatte, war alles zu Ende. Am nächsten Tag begann er sich zu fragen, was er eigentlich an ihr attraktiv gefunden hatte. Und aus den Augenwinkeln fing er schon an, sich nach einer neuen Aphrodite umzusehen, bevor er noch die alte Beziehung abgebrochen hatte.

Nicht allein die Frauen sind Opfer des Podestsyndroms. Der Liebesakt selbst wird in den Augen eines Mannes billiger, wenn er denkt, Frauen seien reine Wesen und der Geschlechtsverkehr würde sie ›verderben‹. Wenn ein Mann den Respekt für eine Frau, mit der er schläft, verliert, kann Sex kaum eine intime und positive Erfahrung sein, weder für ihn noch für die Frau.

Im Leben einer jeden Frau gibt es Momente, in denen sie hofiert werden möchte – man kann sagen, auf ein Podest gestellt sein will. Aber das gleiche kann man von den meisten Männern auch sagen.

»Wer wünscht sich nicht irgendwann einmal einen Menschen, der einem das Gefühl gibt, man sei das Schönste, was ihm passieren konnte«, sagte mir eine Frau. »Ich habe nichts dagegen, wenn ein Mann mich auf den Sockel stellt – solange er mich nicht da oben läßt.«

DAS BESITZERSYNDROM

Wie das Podestsyndrom hat wahrscheinlich auch das Besitzersyndrom seinen Ursprung im Mittelalter. Zu jener Zeit war der Grund für eine Vergewaltigung nicht Wollust, sondern Habgier. Ein Mann vergewaltigte die Frau eines anderen Mannes aus demselben Motiv, aus dem er ihm Geld stehlen würde – er wollte einen Besitzanspruch klarstellen. Vergewaltigung war der Raub fremden Eigentums.

»Diese Vorstellung von Besitz wirkt sich immer noch auf die Frauen aus«, sagte eine Geschichtsprofessorin an einer kleinen Kunsthochschule im Osten der USA. »Wenn eine Frau Jungfrau bleiben will, akzeptiert sie sowohl die religiöse Vorstellung, daß vorehelicher Geschlechtsverkehr unmoralisch sei, und die kulturelle Vorstellung, daß sie der Besitz ihres zukünftigen Ehemannes sein werde. Auf gewisse Art ist für sie der Besitzanspruch gegen ihren Willen ein Abkürzungsweg aus diesem Dilemma. Dann bekommt sie zwar ihren Geschlechtsverkehr, muß sich aber nicht selbst einsetzen, um dahin zu gelangen. Sie umgeht die Tabus.«

Zögernd nur geben viele Frauen zu, daß das Besitzersyndrom in weiblichen Fantasien manchmal vorkommt.

»Aber«, entgegnete eine Ärztin aus Boston, »die Männer haben es weit über seine Proportionen aufgeblasen. Sie haben daraus die Erfüllung ihrer eigenen Fantasien von Gewalt und Überlegenheit gemacht.«

Bei den meisten Frauen hat der sogenannte Vergewaltigungswunsch zwei Erscheinungsformen – aber keine von beiden hat mit dem Verbrechen Vergewaltigung zu tun. Für manche ist es die Erlaubnis, passiv zu bleiben, ein Ausdruck für die gelegentlichen Wünsche, sich beherrschen, manipulieren und kontrollieren zu lassen.

Andere benutzen das Besitzersyndrom als Spiel.

»Manchmal beschließen mein Mann und ich, daß er mich ›vergewaltigen‹ soll. Er schmeißt mich aufs Bett, reißt mir die Kleider vom Leib und zwingt mich, bestimmte Dinge zu tun. Sie wissen ja. Manchmal tue ich sogar so, als ob ich mich wehre, fange an zu kämpfen, mich zu widersetzen. Aber das heißt um Himmels willen nicht, daß ich vergewaltigt werden möchte. Das wird mir hoffentlich nie passieren. Das ganze hat nichts mit einem Freudschen Komplex zu tun. Es ist auch nicht neurotisch. Es geht nur um grenzenlose Fantasie und Schauspiel. Für uns ist das Spielen nur ein Weg mehr, Sex zu genießen.« Wenn eine Frau Ihnen vorschlägt, die Vergewaltigungsszene zu spielen, denken Sie bitte daran, daß es zwischen Fantasie und Realität eine wichtige Grenze gibt.

Selbstverständlich verspüren Männer gelegentlich das gleiche Verlangen – den Wunsch, körperlich aggressiv behandelt zu werden.

»Ich finde es dumm, das Vergewaltigung zu nennen, aber manchmal möchte ich von einer Frau richtig ›grob‹ behandelt werden«, erzählte mir ein Freund. »Am besten erreicht man das, wenn man so tut, als ob man wirklich müde sei, viel zu müde, um sich überhaupt noch bewegen zu können. Wir beide wissen, daß es so eine Art Spaß ist, aber es gibt mir die Möglichkeit, mich ihr völlig zu überlassen.

Eine junge Frau sagte mir: »Heutzutage ist es in den meisten Beziehungen so, daß derjenige, der die größere Lust verspürt, die Initiative übernimmt. Ich kenne Frauen mit einem monströsen Sexualtrieb, die Angst haben, die Initiative zu ergreifen, weil sie fürchten, sie beleidigten damit den Mann. Das verstehe ich. Viele Kerle werden sofort unfähig, wenn man selbst in Stimmung ist, aber sie nicht. Es macht ihnen Angst. Aber wenn man mal *im* Bett ist und beide Lust dazu haben, erregt Männer ein bißchen Aggressivität schon, finde ich.«

Eine Frau aus Los Angeles faßt zusammen: »Es gibt keine Musterantworten. Manche Frauen wollen von den Seilen schwingen, andere wollen daliegen wie Mannequins. Ich möchte beides – eine Nacht dies, in der anderen Nacht das andere. Es hängt von allem ab – von der Frau, dem Mann, der Laune.«

Nur eines ist von allem unabhängig. Nichts behindert einen schönen Liebesakt mehr als Stereotypen – vor allem die Stereotypen, die auf die sexuellen Bedürfnisse der Frau übertragen werden. Wenn ein Mann nur nach seinen stereotypen Vorstellungen mit einer Frau schläft, spricht er ihr alle eigenen Bedürfnisse ab. Er sagt ihr damit: »Du bist keine Persönlichkeit, sondern eine Vertreterin deines Geschlechts, ein Typ. Es gibt mir mehr, mich mit der Hilfe einer Frau zu befriedigen, als mit ihr Liebe zu machen.« In den achtziger Jahren bedeutet der Geschlechtsverkehr nach Stereotypen, daß man überhaupt keine Liebe macht.

3.

Was Frauen an Männern sexy finden

Wenn man die Männer aufs Geratewohl fragen würde, was die Frauen an ihnen sexy fänden, würden die Antworten so ausfallen: »Sie wünschen sich alle einen Paul Newman« oder »eine gute Figur« oder »eine beeindruckende Ausrüstung an Organen – einen Mann, der sehr viel hat und es auch zu gebrauchen weiß«. Ich kenne die Antworten, denn ich habe danach gefragt und diese erhalten. Sie sind *typisch.*

Ein anderes, unter Männern weit verbreitetes Märchen besagt, daß ein Mann, der den Geschlechtsakt wie ein ›Zuchthengst ausführt‹, die Frauen reize. Wie die meisten Märchen geht auch dieses an der Sache vorbei. Frauen finden die Fähigkeiten von ›Zuchthengsten‹ bei Männern nicht sonderlich attraktiv. Eine solche ›Vorstellung‹ steht nicht einmal auf ihrer Liste.

Was Frauen an Männern *wirklich* sexy finden, ist natürlich ganz was anderes. Als ich einigen Frauen aufs Geratewohl die gleiche Frage stellte, erhielt ich fast immer dieselbe Antwort: Das einzige, was sie an Männern anziehend finden, ist ihre Selbstsicherheit. Nicht das gute Aussehen, nicht die Muskeln, nicht die ›Ausstattung‹, sondern sein Selbstvertrauen.

Manche Frauen sagten zwar, daß das Aussehen sie reizen würde, aber sie waren entschieden in der Minderheit. Die typischere Antwort lautete: »Eigentlich mag ich gutaussehende Männer nicht. Sie kreisen so sehr um sich selbst und haben für jemand anderen nicht mehr viel übrig.« Eine andere Frau sagte: »Man braucht keinen Robert Redford. Man braucht jemanden mit ausgeprägten Eigenschaften.« Und eine weitere erklärte: »Es kümmert mich einen Dreck, wie sie aussehen. Mir geht es um ihre Energie. Ein Mann ohne Energie stößt mich total ab.«

»Ein nettes, gesundes Ego ist für mich das Wichtigste«, sagte mir eine Geschäftsfrau in mittleren Jahren. »Natürlich fühlt sich eine Frau von einem schönen Mann angezogen. Aber jede Frau weiß, daß es zwischen seinem Aussehen und seiner Fähigkeit zu lieben keinen Zusammenhang gibt. Irgendwann haben wir alle mal für einen Schönling geschwärmt, nur um herauszufinden, daß er schwul ist. Oder wir haben jemanden mit nach Hause gebracht, der nur einen Meter achtundsechzig groß war und aussah, als hätte er sein Leben in der Staatsbibliothek verbracht, und im Bett erwies er sich dann als wahrer Künstler.«

Warum wünschen sich die Frauen das eine, und warum glauben die Männer, daß sie etwas völlig anderes wollen? Wäre nicht ein Gespräch darüber viel besser? Experten, die sich mit der Kommunikation zwischen Männern und Frauen (oder mit dem Mangel an Kommunikation) beschäftigen, sagen, daß das Problem wie eine sich selbst erfüllende Prophezeiung funktioniert.

Die Männer, die sich *einbilden*, die Frauen würden nach gutem Aussehen suchen – nach einem schönen Körper, einem übergroßen Penis, aber darüber nicht verfügen, verlieren automatisch ihr Selbstvertrauen. Das stößt Frauen ab, nicht, weil die physischen Attribute fehlen, sondern weil es dem betreffenden Mann an Selbstsicherheit mangelt. Die Männer spüren diese Abwendung natürlich und denken wiederum, es läge an ihrer mangelhaften physischen Ausstattung. »Es ist ein echter Teufelskreis«, sagte ein Therapeut aus Los Angeles, »und keiner kann ihm entfliehen.«

Für einen Mann ist die wichtigste Fähigkeit bei der sexuellen Liebe seine Einstellung zu sich selbst. Wenn er sich selbst mag, sich mit seinem Körper wohl fühlt, in Gesellschaft anderer Menschen frei mit sich umgeht und sich Frauen gegenüber entspannt zeigt, ist er in den Augen von neunundneunzig Prozent aller Frauen ›sexy‹. Und das ist wahr. Es hat nichts mit seinen Gesichtszügen, seinen Geschlechtsteilen oder seiner Nase zu tun.

Eine Frau hat das deutlich ausgedrückt: »Was sexy ist? Das ist leicht zu erklären. Wenn er sich sexy findet, ist er es.«

Welcher Mann hat noch nicht das alte Sprichwort gehört, daß das größte Aphrodisiakum für die Frauen die Macht sei? Haben wir nicht alle Fantasien von Reichtum und Macht oder Reichtum und Berühmtheit, die uns helfen sollen, von jeder beliebigen Frau zu kriegen, was immer wir wollen? Die Klatschspalten der Washingtoner Zeitungen sind voll von Geschichten über Senatoren und Kongreßabgeordnete, die von einer Liebesaffäre zur anderen schlittern und sich mit Frauen umgeben, die halb so alt wie sie und doppelt so intelligent sind.

Ich plauderte einmal mit der attraktiven Sekretärin eines Kongreßabgeordneten aus dem mittleren Westen über die sexuellen Machenschaften auf dem Capitol Hill. Im Vertrauen gestand sie mir, daß sie ihren Chef ›intim‹ kenne.

»Was reizt Sie so an ihm?« fragte ich. »Er gehört doch sicher nicht zu den Filmidolen.«

Sie dachte einen Moment lang nach. »Er ist so selbstsicher«, antwortete sie schließlich. »Die Männer, mit denen ich früher ging, waren immer so um ihr Image besorgt. Ich habe ganze Tage – und Nächte – damit verbracht, ihre Egos aufzupolieren. Sex wurde richtig zur Therapie. *Dieser* Mann ist anders. Sein Ego ist groß in Form. Er kümmert sich nicht so viel um sich. Er bemüht sich mehr um mich und um mein Ego. Das ist eine feine Sache.«

Eine Frau in mittleren Jahren aus Dallas sagte, daß sie mit unsicheren Männern ein für allemal fertig sei.

»Ich hatte das Gefühl, ich müßte ständig hin und her rennen und mit einem Korb die Bälle auffangen, die sie in die Luft geworfen hatten. Man muß ihre Männlichkeit sehr in Schutz nehmen. Man muß ihnen das Gefühl geben, sie wären stärker, größer und klüger als man selbst. Ich habe die ganze Zeit damit verbracht, weniger zu sein als der Mann, in den ich verliebt war. Deshalb mag ich den seltenen Mann, der sich seiner Männlichkeit sicher ist. Damit meine ich *nicht* den Machotyp. Machomänner – also Männer, die herumwedeln und jedem erzählen, wie maskulin sie doch seien – sind sich ihrer Maskulinität gar nicht so sicher.«

In ihrem Haß auf die *über*große Selbstsicherheit aber sind sich alle Frauen einig. »Der Kult des Ladykillers«, wie eine Frau es ausdrückte, ist wahrscheinlich das am meisten mißverstandene Männermärchen überhaupt. Es ist das Produkt des totalen Zusammenbruchs in der Kommunikation zwischen Männern und Frauen, die Destillation all dessen, von dem die Männer *glauben*, die Frauen würden es wollen – und was die meisten Frauen verabscheuen.

»Es gibt nichts Widerlicheres als einen sogenannten Don Juan«, sagte mir eine Frau, die bei Tiffany in New York arbeitete. »Wenn er sich wie ein Verführer gibt, stellt man sich letztendlich die Frage: ›An wie vielen anderen Frauen hat er diese Sätze wohl schon ausprobiert?‹ Ich habe keine Lust, das letzte Glied in einer langen Kette zu werden. Ich will keinen Mann, der nur um des Geschlechtsaktes willen Liebe macht – nur um zu zeigen, was für ein großartiger Liebhaber er doch sei. Ich will jemanden, der mit *mir* Liebe macht.«

Was also sind die erregenden Punkte? Einige betreffen physische, andere psychologische Eigenschaften. Beide sind auf jeden Fall in der Reichweite eines jeden Mannes. Anders ausgedrückt, man kann etwas dafür tun.

EIN SEXY-KÖRPER

AUGEN

Befragt man Männer, welcher Teil des weiblichen Körpers sie am meisten reizt, bekommt man wahrscheinlich hundert verschiedene Antworten, aber die beiden häufigsten sind Brüste und Beine. Frauen scheinen sich ebenfalls in zwei Lager zu spalten – solche, die nach den Augen, und solche, die auf den Hintern schauen. In einer jüngeren *Esquire*-Umfrage nahmen die Augen den ersten Platz als begehrtester Teil des männlichen Körpers ein. Der Hintern belegte den zweiten Platz. (In den meisten Umfragen kommen die Hände an dritter Stelle.)

»Oh, das ist einfach«, sagte eine große Brünette, ohne zu zögern, als ich ihr dieselbe Frage stellte. »Als erstes sehe ich einem Mann in die Augen. Ein Blick in seine Augen, und ich weiß sofort, ob ich mich für ihn interessiere.«

Was es denn nun genau an den Augen sei, das sie so reize, fragte ich weiter. »Welche Art von Augen mögen Sie?«

»Oh, braun, vielleicht – oder blau. Wichtig ist doch, was sie mir zu sagen haben.«

Die Frauen, die auf die Augen achten, glauben alle, daß die Augen ihre eigene Sprache sprechen. Sie sind sicher, daß sie den ganzen Charakter eines Mannes aus den Augen ablesen können. Sein Blick sagt ihnen, ob er stark oder zärtlich, begierig oder liebevoll, herzlos oder interessiert ist.

»Es liegt alles am Augenkontakt«, erklärte mir eine Ärztin aus Pittsburgh. »Wenn seine Augen umherschweifen und mir nervös ausweichen, ist das für mich ein Zeichen seiner Unsicherheit. Ein Mann, der den Augenkontakt mit einer Frau nicht aushalten kann, ist ein Versager – für mich zumindest.«

Ein Schauspieler und Schriftsteller, den ich von New York her kannte, hatte eine besondere Art, sich auf die Frau zu konzentrieren, mit der er zusammen war. Er praktizierte das sogar, wenn sie sich in einer großen Menschenmenge befanden. Er stützte den Ellenbogen auf den Tisch und legte seine Hand über die Brauen, so als wollte er die Augen vor dem Sonnenlicht schützen. In Wirklichkeit konzentrierte er seine Aufmerksamkeit ganz auf sie und schirmte so jede Ablenkung ab. Er schuf eine Aura von Exklusivität. Damit machte er der Frau deutlich: »In diesem Raum, jetzt und hier, bist du das einzige, was für mich wichtig ist.«

Denken Sie daran, daß Ihre Augen Ihr wichtigster Körperteil sind, um diese Botschaft am überzeugendsten weiterzugeben – ob Sie sich nun in der Menge oder im Bett befinden.

DER KÖRPER

Die New Yorker *Village Voice* startete vor kurzem eine große Umfrage unter Frauen mit dem Thema: Welcher Teil des männlichen Körpers reizt Frauen am meisten? Im Gegensatz zum *Esquire* gewann hier der Hintern haushoch. Mit etwas Abstand folgte dann ein ›flacher Bauch‹. Wenn man darüber nachdenkt, sind das eigentlich sehr gute Nachrichten. Bei Hintern und Bauch kann man etwas unternehmen. Nicht so bei der Knochenstruktur und der Penisgröße. Wenn man regelmäßig turnt und eifrig die örtlichen Sportanlagen aufsucht, kann man seinen Hintern straffen und den Bauch flacher machen.

Verstehen Sie mich nicht falsch. Wenn Sie sexuelle Probleme haben, ist die Hantel nicht die richtige Antwort. Viele Frauen fühlen sich durch ein Übermaß an Muskeln abgestoßen.

Aber wenn Sie sich in Ihrer Haut nicht wohl fühlen, werden zwei wöchentliche Besuche in der Turnhalle Ihr Selbstbewußtsein bald aufblühen lassen. Sie werden Ihnen tatsächlich mehr geben als die Versicherung einer Frau, daß sie Ihre äußere Erscheinung attraktiv findet.

»Die Ausflüge in die Turnhalle sind für mich besser als der wöchentliche Besuch beim Psychiater – und sie sind billiger«, sagte ein ungefähr vierzigjähriger Anwalt aus Chicago, der die Leichtathletik gerade wieder neu entdeckt hatte.

Der Gewinn liegt darin, daß man mit seinem Körper wieder in Berührung kommt. Derselbe Mann fuhr fort und zeigte mir dabei seinen waschbrettflachen Bauch: »Ich habe Sport eigentlich nie richtig gemocht. Ich fühlte mich zwar wie ein Fremder in meinem eigenen Körper, doch das hat mir nichts ausgemacht. Aber, mein Gott, beim Sex merkt man erst richtig den Unterschied. Bevor ich trainierte, gebrauchte ich beim Sex nur meinen Schwanz. Es war, als ob der Schwanz der einzige Körperteil von mir wäre, der im Bett agierte. Nun habe ich wieder meinen eigenen Körperkontakt, und wenn ich einen Orgasmus erlebe, fühlt mein ganzer Körper mit, jeder einzelne Teil.«

ELEGANZ

Ich weiß nicht genau, ob sich die Frauen zu einem wirklich eleganten Mann hingezogen fühlen, oder ob schlampige Eleganz sie einfach abstößt. Es kommt in jedem Fall auf dasselbe hinaus. Das heißt nun nicht, daß Sie makellos aussehen sollten. Sehr viele Frauen fühlen sich von einem Mann abgestoßen, der sich ständig um sein Aussehen kümmert, immerwährend zurechtmacht und an keinem Spiegel vorbeigehen kann, ohne einen Seitenblick hineinzuwerfen. Es ist ganz eindeutig möglich, *zu* elegant zu wirken. Frauen halten diese Art der Beschäftigung mit der eigenen Erscheinung für Zeichen großer Unsicherheit, vielleicht sogar für unmännlich.

Nehmen Sie sich also genug Zeit vor dem Spiegel, aber nicht zu viel. »Natürlich mag ich keinen schlampigen Mann«, sagte eine Sekretärin aus Seattle. »Aber wenn ein Typ sich seines Aussehens ständig bewußt ist, kann ich mir nicht helfen, immer daran zu denken, daß er auf *mein* Aussehen genauso achtet. Sie wissen schon – daß er jedes Detail untersucht, um herauszufinden, ob ich denn auch zu ihm passe. Das macht mich nervös.«

Einige Frauen finden Gerüche angenehm, andere abstoßend. Zum Beispiel Tabak und Alkohol. Es ist Ihre Aufgabe, herauszufinden, wie sie darauf reagiert, und sich dann entsprechend zu verhalten. Sollten Sie ein eingefleischter Raucher sein, müssen Sie möglicherweise zwischen ihr und den Zigaretten wählen. Es ist beinahe unmöglich, bei einem Raucher den Atemgeruch nach Zigarettenrauch zu überdecken.

Auch Parfüms gehören zu der Kategorie von Gerüchen, die manche Frauen mögen und andere wiederum nicht. Aber die meisten Frauen finden einen leichten, natürlich männlichen Duft anregend.

»Es macht mich etwas verlegen, Ihnen das zu sagen«, eröffnete mir eine Frau, »aber ein schwacher Körpergeruch reizt mich. Er ist ganz bestimmt ein Aphrodisiakum. Ein zu starker Geruch ist natürlich unangenehm.«

Eine andere Frau, eine Fernsehschauspielerin aus New York, erzählte mir einmal, daß sie sich in einen Mann aufgrund seines Körpergeruchs verliebt hätte. »Ich lehnte mich ständig an seine Schulter und versuchte, ihn zu riechen. Wir haben wie verrückt miteinander gekämpft, doch wenn er in meine Nähe kam, fiel ich fast in Ohnmacht. Einige Menschen riechen einfach sexy.«

DER KLANG DER STIMME

Mehr als die Männer durch Frauenstimmen werden die Frauen durch den Klang der männlichen Stimme erregt. Viele Frauen halten eine Sexy-Stimme für das machtvollste Instrument des Mannes, um sie zu erregen. Eine attraktive Bekannte von mir interessiert sich mehr für die Stimme als für alles andere. Gutes Aussehen, Muskeln, Macht, Geld und all die anderen überlieferten Aphrodisiaka lassen sie kalt. Aber, wie sie selbst sagt: »Lege mich in die Arme eines Mannes mit einer tiefen, rauhen Baritonstimme und laß uns in einem dunklen Raum sein, schon bin ich erregt.«

DAS SEXUELLE BEWUSSTSEIN

Echtes Selbstbewußtsein hat seinen Ursprung im Gehirn und wirkt sich auf den ganzen Körper aus. Nach sorgfältiger Überlegung hat die große Mehrzahl der von mir befragten Frauen geantwortet, daß ein Mann mit sexuellem Bewußtsein auch die stärkste sexuelle Ausstrahlung hat. Als ich fragte, was sie damit meinten, erhielt ich mehrere Antworten – breitgefächerte Interessen, ein umfassender Intellekt, guten Sinn für Humor, charmante Manieren bei der Unterhaltung und die Fähigkeit, einer Frau das Gefühl zu vermitteln, sie sei das einzige, worauf es ankäme.

INTELLIGENZ UND CHARME

Vor kurzem brachte eine führende Frauenzeitschrift einen Artikel über den Traummann der Frauen heraus – den Mann, den Frauen sexy finden. Einige der glücklichen Auserwählten waren vorauszusehen: ›Sexprotze‹ wie Bruce Jenner und Joe Namath, ›harte Kerle‹ wie Charles Bronson und Larry Hagman, ›Herzensbrecher‹ wie Richard Gere und Marcello Mastroiani.

Männer mit physischen Attributen rangierten nicht unter den ersten Plätzen. Ebenfalls genannt wurden Männer aus der ›Ivy League‹ wie der Schauspieler Michael Moriarty und der Cartoonist Gary Trudeau, ›Intellektuelle‹ wie der Kolumnist

William Buckley und der Schriftsteller John Updike, ja sogar solch ›unwiderstehliche Verrückte‹ wie Woody Allen. Wenn Woody Allen auf einer Liste der begehrtesten Männer Amerikas erscheint, ist es wohl offensichtlich, daß sich amerikanische Frauen nicht allein vom guten Aussehen angezogen fühlen.

Woody Allen hat eine ganz andere Eigenschaft, die Frauen sexy finden – Sinn für Humor. Eine Studentin an einer großen Universität im Mittleren Westen sagte mir: »Ich möchte nur mit einem Mann lange Zeit zusammenleben, der mich zum Lachen bringen kann.«

Und eine andere meinte: »Künstler sind sexy. Sie sind frei von Hemmungen und probieren gern etwas Neues aus. Sie tragen ihre Kreativität in den Sex mit hinein. Man weiß nie, was sie als nächstes tun werden. Ich habe in meinem Leben schon mit vielen Männern geschlafen, aber ich bin auch streng religiös erzogen worden, und ein bestimmtes prüdes Gefühl verliert man nie. Ich brauche einen hemmungslosen Mann, um meine eigenen Hemmungen zu überwinden.«

AUFMERKSAMKEIT ZEIGEN

»Am liebsten mag ich italienische Männer«, eröffnete mir eine strahlend blonde Maklerin aus San Francisco. »Wenn die Italiener ihr Büro verlassen, hören sie auf, an ihre Arbeit zu denken. Bei einigen

Männern spürt man während der Liebe sofort, daß sie dabei schon an den Geschäftsabschluß am nächsten Morgen denken. Man hat nur die Hälfte von ihnen. Die andere Hälfte beschäftigt sich intensiv mit beruflichen Angelegenheiten.

Bei italienischen Männern richtet sich das ganze Interesse auf die Frau. Sie sprechen am nächsten Tag möglicherweise nicht mehr mit einem, aber im Bett ist man das einzige, woran sie denken. Sie berühren sehr viel vom Körper. Italienische Männer scheinen von einem Frauenkörper verzehrt zu werden. Sie nehmen sich sehr viel Zeit und streicheln ihn manchmal stundenlang. Der Augenblick vor dem Höhepunkt ist für sie ein besonderer, ja beinahe heiliger Moment. Sie befinden sich mit ihrer animalischen Natur im Gleichgewicht – aber sie sind nicht grob. Italienische Männer sind außerordentlich zärtlich.«

Was kann man tun, um seinen Geist von allen Ablenkungen zu befreien – um sich nur auf die Frau zu konzentrieren, mit der man gerade zusammen ist? Wie kann man die Tagesprobleme aus dem Gehirn verbannen, so daß man die Freuden des jetzigen Augenblickes genießen kann?

Ein fünfunddreißigjähriger Schauspieler, der oft in Broadway Shows auftritt, führte mich einmal in seine bemerkenswerte Methode ein, mit der er sich auf einen Abend mit einer Frau vorbereitete. »Ungefähr eine Stunde, bevor ich mit einer Frau ausgehe, setze ich mich einige Minuten lang ruhig hin und lasse den folgenden Abend vor meinem inneren Auge vorbeiziehen. Es ist so eine Art Vorausschau auf das, was passieren wird.«

Wenn man sich vorher überlegt, was in ihrem Kopf wohl vorgehen mag, kann man sich dann in ihrer Gegenwart leichter auf sie konzentrieren – aber nicht nur auf ihren Körper, sondern auf *sie*, ihr Leben, ihre Wünsche, das, was sie erregt, und ihre Bedürfnisse. Eine Frau antwortete unmißverständlich: »Der Mann, der sich für mich interessiert, ist der Mann, der mich reizt.« Diese *konzentrierte* Aufmerksamkeit ist eines der größten Mittel, um eine Frau anzuregen.

Etwas, das mich während meiner Unterhaltungen mit Frauen am meisten verblüfft hat, war der häufige Kommentar, daß die Männer die Frauen grundsätzlich – wenn auch unbewußt – nicht mögen. Sie wollen Frauen für den Sex, aber nicht als Freunde. Und auch wenn ihnen selbst das normalerweise gar nicht auffällt, die Frauen sind da aufmerksamer.

Eine junge Schriftstellerin in Boston sagte: »Ich glaube, viele Amerikaner mögen die Frauen nicht. Nein, ich meine damit nicht, daß sie Frauen ablehnen oder so. Ich finde nur, daß die Amerikaner sich in der Intimität nicht wohl fühlen. Wenn sie mit ihren Freunden zusammen sind, konzentrieren sie sich auf ihre Freizeitaktivitäten. Sie spielen Basketball, gehen angeln, setzen sich bei einem Bier zusammen, schauen ein Baseballspiel an oder was auch immer. Aber sie sprechen *nicht* über ihre Schwierigkeiten, schon gar nicht über emotionale oder sexuelle Probleme. Die Frauen sprechen oft über solche Themen, und von dem Mann, mit dem sie zusammenleben, erwarten sie die gleiche Bereitschaft. Da die Frauen auf ein bestimmtes Quantum an Wärme und Intimität angewiesen sind, daß ihnen die Männer in ihrem Leben einfach nicht geben können, fangen die Männer an, die Frauen abzulehnen – wenn auch ganz unbewußt.«

Und eine andere erklärte: »Sie halten uns nicht für vertrauenswürdig. Sie glauben, wir versuchen etwas aus ihnen herauszubekommen. Ich denke mir, viele konnten ihre Mutter nicht leiden und projizieren dieses Gefühl nun auf die Frauen, die sie kennen. Die Männer, die Frauen wirklich mögen, werden ausgelacht. Ich mag Männer, die genauso Spaß machen können wie Frauen. Dazu müssen sie nicht unbedingt weibisch sein. Das Problem liegt darin, daß die meisten Männer ohne ein Vokabular für Intimitäten aufwachsen. Sie können persönliche Dinge nicht ausdrücken. Wenn sie mit ihren Freunden sprechen, reden sie vom Sport und solchen Dingen. Frauen dagegen lernen die Vokabeln. Dieser Mangel an angemessenen Ausdrücken frustriert die Männer. Deshalb bin ich immer so überrascht – und so erfreut –, wenn ich tatsächlich mal einem Mann begegne, der gern mit Frauen zusammen ist und sich mit ihr über Dinge unterhalten mag, über die sonst nur Frauen sprechen.«

EIN MANN, DER DIE FRAUEN MAG

Eine Frau hat dies wohl am besten ausgedrückt, als sie sagte: »Ein Sexy-Mann ist ein Mann, der Frauen offensichtlich *mag*. Jemand, der sich an ihrer Gesellschaft freut. Wissen Sie, das tun nicht alle Männer, und das spürt man auch sofort.« Und eine andere Frau meinte wahrscheinlich dasselbe: »Männer sollten es lernen, mit Frauen befreundet zu sein. Frauen können so *gute* Freunde sein. Der schönste Sex findet zwischen zwei Freunden statt.«

LEIDENSCHAFT

Die Leidenschaft ist eine weitere Eigenschaft, die Frauen in Männern suchen. Leidenschaft für das Leben und natürlich für die Liebe. Eine College-Professorin aus Maryland erzählte mir, daß sie immer nach einem ›lebenshungrigen‹ Mann gesucht hat. »Wenn ein Mann viele Interessen hat und begeisterungsfähig ist, wird er eine herrliche Beziehung mit mir haben können.«

Und warum ist der Lebenshunger so wichtig?

»Ich vermute, weil ein Mann, der sich begeistern kann, im allgemeinen sehr selbstsicher ist. Er hat ein gesundes Ego – und das gefällt mir.«

Und eine weitere Frau bemerkte dazu: »Sexy-Männer sind Männer, die alles, was sie anfangen, leidenschaftlich gern tun. Sie sind zu außerordentlichen Gefühlen fähig. Und ihr herrliches Lebensgefühl geht in Sex über. Wenn ein Mann sich in seinem Beruf langweilt, hat er kaum die Kraft, Leidenschaft aufzubringen und ein guter Liebhaber zu sein. Der beste Aufreißer ist die Leidenschaft eines Mannes. Keine Frau ist dagegen immun.«

4.
Angst vor dem Fliegen

Den meisten Männern sind sexuelle Ängste schmerzlich vertraut. Ich habe noch keinen Mann getroffen, der sich nicht irgendwann einmal mit einem sexuellen Problem – real oder eingebildet – herumgeschlagen hat. Der eine hat zu schnelle Ejakulationen, beim anderen ist die Erektion ›im nächsten Augenblick schon wieder vorbei‹, und dann gibt es noch all die vielen Männer, die mit zu kleinen Organen ausgestattet sind.

Die Männer machen sich wegen ihrer eigenen Ängste tatsächlich viele Sorgen, und so fällt ihnen gar nicht auf, daß auch Frauen sexuelle Ängste haben. Daraus resultieren Mißverständnisse und Ablehnung. »Ich bin es langsam leid, ständig die sexuelle Amme für ihn zu spielen«, sagte eine Frau. »Mir kommt es hinterher immer so vor, als hätte ich die ganze Nacht damit verbracht, ihn zu trösten. ›Nein, nein, es war schon in Ordnung. Nein, es war gut. Nein, die Größe macht überhaupt nichts aus.‹ Sie kennen ja den ganzen Mist. Damit stehe ich auch gar nicht allein da. Ich kenne viele Frauen, die nicht mehr die Florence Nightingale des Schlafzimmers sein wollen.«

Wenn keiner der Partner bereit ist, ab und zu mal die Krankenschwester zu spielen und dem anderen über seine sexuellen Ängste hinwegzuhelfen, verhalten sich beide wie zwei Schiffe im Nebel, die aneinander vorbeisteuern. Dieser Nebel besteht aus Ignoranz und Mißverständnissen, und es gibt nur einen einzigen Weg, der herausführt. Man muß versuchen, die Perspektive des anderen in bezug auf Sex und Liebe zu verstehen. Viele Männer haben sich noch nie gefragt, was ihrer Frau am Sex am meisten gefällt – oder was sie am meisten fürchtet. Man kann nicht wirklich mit einer Frau Liebe machen, ohne zu wissen, was sie glücklich oder was ihr Angst macht.

Zumindest in einem Punkt hat eine Frau dieselben Ängste wie ein Mann. Sie fürchtet, zurückgewiesen zu werden. Fast jeder Mann, den ich kenne, hat sich schon einmal von einer Frau zurückgestoßen gefühlt. Manchmal ist diese Abweisung real, aber häufig genug ist dieses Gefühl nur eine Folge der Ignoranz. Wenn eine Frau sich der männlichen Sexualängste nicht bewußt ist, gibt sie ihm manchmal ein Gefühl der Zurückweisung, ohne daß sie es eigentlich will.

Umgekehrt ist es genauso, es kommt vielleicht sogar noch häufiger vor, denn die Männer können sich noch weniger vorstellen, daß Frauen sexuelle Ängste *haben*. Ich muß es noch einmal sagen, der Eindruck, daß man den anderen abweisen will, wird oftmals unbeabsichtigt erweckt. Dadurch, daß er mehr über die Ängste von Frauen erfährt, kann ein Mann lernen, wann er sich die Zeit nehmen sollte, ihr ein Gefühl von Sicherheit zu geben und ihr die Angst vor einer Zurückweisung zu nehmen.

»ICH BIN NICHT ATTRAKTIV GENUG«

Ich hatte einmal einen Kommilitonen an der juristischen Fakultät, der nur vom Aussehen der Mädchen redete. Im ersten Semester verteilte er an alle Mädchen Noten von eins bis zehn. Wenn wir gemeinsam den Gang entlanggingen, sagte er eine nicht abreißende Reihe von Nummern auf: »Acht. Sechs. Vier – sie ist wirklich eine Niete. Junge – eindeutig eine neuneinhalb.«

Kein Wunder, daß so viele Frauen ihre Zeit in der Sorge vertrödeln, wie attraktiv sie nun seien. »Bin ich schön genug? Muß ich ein paar Pfund abnehmen? Werden ihm meine Fehler auffallen? Ist meine Zellulitis nicht häßlich? Bin ich zu alt? Soll ich meine Nase korrigieren lassen? Ich habe eigentlich überhaupt keine Ähnlichkeit mit den Mädchen aus dem *Playboy*!« Sogar die schönsten Frauen sind blind für ihre eigene Schönheit, weil sie mit irgendeinem unvermeidlichen Fehler voll beschäftigt sind. Die größte weibliche Furcht, besonders unter jüngeren Frauen, ist die Feststellung: »Ich bin nicht attraktiv genug.«

Was sie dabei übersehen, ist die Tatsache, daß

das ganze Gerede über das Aussehen einer Frau reines Geschwätz ist. Wenn es wirklich auf Sex ankommt, werden die meisten Männer, die ich kenne, nicht so stark von der äußeren Erscheinung beeinflußt, wie sie es behaupten. Zwar können sich manche junge Männer noch ausschließlich für das Gesicht oder den Körper einer Frau interessieren, besonders, wenn sie noch zur Schule gehen und dem Gruppenzwang ausgesetzt sind, aber diese Angelpunkte verschwinden langsam, wenn ihre Suche ernsthafter wird. Mit wachsender Reife verlieren sie das Interesse an den Merkmalen, die der Spiegel preisgibt, und beginnen nach anderen Attributen zu suchen.

Reife Männer finden weder perfekte Gesichtszüge noch eine Sechzig-Zentimeter-Taille wirklich attraktiv. Sie finden eine Frau schön, die sich mit sich selbst wohl fühlt. In einer weiteren *Rotbuch*-umfrage gaben acht von zehn Männern an, daß sie mehr durch eine Frau erregt werden, ›die mich liebt‹, als durch große Brüste oder einen der anderen machoartigen Erreger. Schade nur, daß die meisten Frauen das nicht wissen. Wenn die Männer den Frauen nur einen Einblick in dieses kleine Geheimnis gewähren würden, dann würden sich viele Frauen beim Sex leichter tun.

Lassen Sie die Frau, die Sie lieben, doch wissen, daß Sie sie anziehend finden. »Es ist eine ganz verrückte Sache«, sagte eine Bekannte zu mir, »aber wenn ein Mann einer Frau klarmacht, daß sie schön und sexy ist, wird sie auf Anhieb noch viel schöner. Sie verliert ihre Befangenheit, und der Sex wird erst richtig gut.«

Neulich habe ich meinen Kommilitonen wieder getroffen. Er verkündete mir glücklich, daß er eine unserer Kommilitoninnen geheiratet hätte. Dann fragte er mich, ob ich mich noch an sie erinnern könnte. Das konnte ich. Ich erinnerte mich auch daran, daß er sie damals als ›eindeutig fünfeinhalb‹ eingestuft hatte.

MEINE BRÜSTE SIND ZU KLEIN (ODER ZU GROSS)

»Aufwachsende Mädchen haben keinen Penisneid, sondern einen Busenneid«, erzählte mir eine Freundin aus Boston. »Sie verbringen mindestens ebensoviel Zeit auf dem Klo, um ihre Maße zu vergleichen, wie die Männer. Wenn sie erwachsen werden und anfangen, mit Männern zu schlafen, fragen sie sich ängstlich bei jedem neuen Partner, ob er sie jetzt mit anderen vergleichen wird. Wenn eine Frau ›zu‹ große oder ›zu‹ kleine Brüste hat, das heißt, wenn sie sich *einbildet*, ihre Brüste wären zu groß oder zu klein, müssen Sie ihr klarmachen, daß sie Ihnen so gefallen, wie sie sind. Wenn Sie zu den Männern gehören, die kleinere Brüste *vorziehen* und Ihre Partnerin einen kleinen Busen hat, sagen Sie es ihr. Es wird sie entspannen. Viele Männer mögen sportlich aktive Frauen, und diese haben oft kleinere Brüste.

Natürlich gibt es keine ›zu‹ kleinen Brüste. Vergessen wir mal die Hollywood-Vision vom Fünfundneunzig-Zentimeter-Umfang. Diese Größe ist häufig nur vorgetäuscht, mit Hilfe von Silikon aufgeputscht, äußerst unpraktisch beim Sex und beinahe gefühllos bei der Berührung. Denken Sie daran, das Ziel ist es, Ihrer Partnerin Genuß zu bereiten, und nicht, sie mit dem Pin-up-Girl dieses Monats zu vergleichen.

Wenn Sie das Gefühl haben, daß eine Frau in bezug auf ihre Brüste empfindlich ist, sprechen Sie das Thema nicht an – nicht einmal, um ihr Sicherheit zu geben. (Wenn eine Frau Ihnen sagen würde: »Es ist schon in Ordnung, ich mag kleine Penisse«, würden Sie sich dann wohler fühlen?) Wenn es um Spannungszustände geht, sprechen Taten viel besser als Worte.

»ER WIRD MICH AUSNUTZEN«

Die Angst davor, ausgenutzt zu werden, ist in allen Frauen tief verwurzelt – egal, wie selbständig sie sind. Frauen, die sich von dem Gedanken befreit haben, daß ein Mann die Achtung vor ihnen verliert, wenn sie mit ihm schlafen, fürchten immer noch, daß der Geschlechtsakt irgendwie ›trivialisiert‹ werden könnte. Eine Frau sagte dazu: »Auch wenn es nur für eine Nacht ist, es sollte *wichtig sein.*« Diese Angst davor, daß Liebe und Sex ihn nicht weiter berühren, hat ihre Wurzeln vermutlich in der älteren Furcht davor, wie ein Objekt behandelt zu werden. Viele Frauen, die keine moralischen Einwände gegen häufigen Geschlechtsverkehr haben, sagen, daß sie sich irgendwie ›billig‹ fühlen, wenn der Akt nur dem Sex zuliebe ausgeführt wird.

Wenn es um Sex geht, leben Frauen immer noch in zwei Welten: die eine, in der sie aufgewachsen sind, und die andere, in der sie heute leben. Die erste Welt liegt noch vor der sexuellen Revolution, die andere ist ihr Produkt. Der Konflikt zwischen diesen Welten und ihren unterschiedlichen Einstellungen zum Sex bewirkt eine der tiefsten sexuellen Ängste der Frauen.

»Die Leute meiner Altersgruppe wuchsen in der Vorstellung auf, daß man mindestens vier oder fünf Monate mit jemandem gehen mußte, bevor man es ›machte‹«, erzählte mir eine fünfundvierzigjährige, geschiedene Frau aus Tulsa, Oklahoma. »Sicher glaube ich an die sexuelle Revolution. Mein Kopf glaubt daran. Mein Körper glaubt daran. Mein Herz *will* es einfach nicht glauben. Es hält noch immer an den alten Vorstellungen fest. Als ich ein Mädchen war, hat man mir erzählt, daß er mich niemals respektieren würde, wenn ich nachgäbe. Ich fürchte, ich fühle immer noch so, all die Jahre später.«

Leider haben die Männer diese Situation auch nicht erleichtert. Trotz all dem Gerede über die sexuelle Revolution haben sie noch immer vorrevolutionäre Ansichten über die Frauen, die sexuell frei sind. Immer noch gibt es Männer, die Frauen, die außerhalb des Ehebettes oder zumindest außerhalb einer dauerhaften Freundschaft mit anderen Männern schlafen, *nicht* respektieren. Ein gutes Beispiel dafür ist Don Juan, der eine Frau für wertlos hielt, nachdem er mit ihr geschlafen hatte. Auch legen viele Männer eine zu große Betonung auf ihre ›Eroberungen‹ – was Frauen insgesamt etwas abwertet.

Obwohl auch die Männer ähnliche Zurückhaltung in bezug auf wahllosen Sex üben, sind es doch die Frauen, die sich davor am meisten fürchten. Für sie scheint irgendwie mehr auf dem Spiel zu stehen – besonders, wenn sie keine feste Partnerschaftsbeziehung hat. Eine Frau erwartet von keinem Mann, daß er sie alle Zeit mit sinnloser Leidenschaft liebt. Sie will nicht, daß er sich ausschließlich um sie kümmert. Aber sie *will* und sie *erwartet*, daß er nur Liebe mit ihr macht, weil er es wirklich will, weil er sie *mag*.

»ER WIRD ETWAS VON MIR VERLANGEN, DAS ICH NICHT TUN MAG«

Viele Frauen, vor allem unerfahrene Frauen, nähern sich dem Bett mit einer sehr ernstzunehmenden Angst. Sie befürchten, daß der Mann sie um etwas bitten könnte, das sie nicht tun können oder wollen. Hierbei ist das größte Übel der orale Geschlechtsverkehr.

»Immer, wenn ich das erstemal mit einem Mann ins Bett gehe, habe ich Angst, daß er oralen Sex von mir erwartet«, erzählte eine Frau aus Baltimore. »Ich *hasse* oralen Sex. Ich *hasse* es, wenn ein Mann meinen Kopf nach unten zieht und erwartet, daß ich es tue.«

Und eine andere Frau sagte: »Ich bin nicht scharf aufs Lutschen. Es macht mir nichts aus, ihn zu saugen, aber ich will nicht, daß es einem Mann in meinem Mund kommt. Ich mag auch den analen Sex nicht. Ich finde, unsere Körper sind nicht dafür gemacht – darum tut es auch weh. In meinen Augen ist das ein wütender, aggressiver Akt. Er hat etwas mit Gewalt zu tun.«

Die Kombination von sexueller Revolution und Frauenbefreiungsbewegung hat den Frauen neue Wege zu ihrem eigenen sexuellen Potential geöffnet, ihnen aber auch mehr Verantwortung auferlegt. Die Gleichberechtigung hat ihren Preis, und Fellatio kann ein ›Zahlungsmittel‹ sein. Viele Frauen haben Angst vor dieser neuen Freiheit. Für einen Mann ist es das Beste, sich in eine Frau hineinzuversetzen, die diese sexuellen Ängste verspürt. Er muß versuchen, so zu fühlen wie sie, so zu fürchten wie sie.

Gehen wir einmal von einer anderen Überlegung aus: Zu Anfang fühlt sie sich vielleicht bei dem Gedanken an oralen Sex genauso unwohl sie Sie, wenn Sie ihr oralen Sex geben sollen. Sie möchten doch sicher auch nicht dazu gezwungen werden, ihre Scheide zu küssen. Also sollten Sie darauf achten, sie nicht unter Druck zu setzen und von ihr Fellatio zu verlangen.

Es ist Ihre Aufgabe, sie davon zu überzeugen – und zwar durch Taten, nicht durch Worte –, daß die sexuelle Liebe kein Examen ist. Daß sie nicht gezwungen werden soll, ihre Gefühle für Sie durch irgendwelche Handlungen auszudrücken, zu denen sie gar nicht bereit ist. Es besteht immer noch die Möglichkeit, daß ihre Einstellung zu dem, was sie nicht tut oder tun will, sich *verändert* – zum Beispiel, wenn die Atmosphäre ruhig und liebevoll ist und wenn Sie sie nicht bedrängen. Wenn sie erlebt, wieviel Freude Sie ihr durch Ihr Zungenspiel bereiten können, wird sie vielleicht das Verlangen spüren, Ihnen das Vergnügen der Fellatio zu schenken.

»ICH KÖNNTE SCHWANGER WERDEN«

In der Zeit der sexuellen Aufklärung, der Pille und jeder erhältlichen Verhütungsmittel können die Männer nur schwer glauben, daß Frauen sich immer noch vor unerwünschten Schwangerschaften fürchten. Offensichtlich hat die Kommunikation auch an diesem Punkt versagt, denn mehr als eine Frau hat mir von ihrer Angst vor einer zufälligen Empfängnis berichtet.

Einige haben sogar deutlich ihren Ärger darüber ausgedrückt, daß die meisten Männer dieses Problem als nebensächlich abtun. »Die meisten Männer interessieren sich nicht im geringsten dafür, welche Art von Verhütungsmittel ich benutze. Ich vermute, sie glauben, daß ich die Pille nehme, wenn ich dieses Thema nicht von selbst erwähne. Die wenigen Male, die ein Mann mich danach gefragt hat, war ich so dankbar, daß er sich um mich *kümmerte* – daß er sich um mich als Person kümmerte. Manchmal sagen sie es sogar, als wollten sie mich anklagen. ›Du nimmst doch die Pille, oder?‹ So als ob ich versuchen würde, sie mit einer Schwangerschaft einzufangen.«

»Ich wünschte, wir hätten schon etwas über Verhütungsmittel gewußt, als ich anfing, mit Männern zu schlafen«, sagte mir eine Frau, als sie von ihrer Entjungferung erzählte. »Ich habe mir die ganzen achtundzwanzig Tage danach Sorgen gemacht. Und noch ein paar Jahrzehnte früher haben die Frauen sich die meiste Zeit ihres Lebens gesorgt.«

Diese Sorge ist nicht vorüber. »Ich fühle mich davon verfolgt«, gestand mir eine dreißigjährige, attraktive Brünette, die sich sehr für ihre Karriere bei einer Bank engagierte. »Es ist egal, welche Vorsichtsmaßnahmen man ergreift, *sicher* ist man nie. Ich habe die Pille abgesetzt, sie hat so viele Nebenwirkungen. Und kein anderes Mittel ist total zuverlässig. Ich muß immer daran denken: ›Mein Gott, ein Baby. Was soll ich nur damit anfangen?‹«

Das Problem der Empfängnisverhütung ist besonders beim erstenmal, wenn Sie mit einer Frau schlafen, akut. Sie können ja nicht wissen, ob sie die Pille nimmt oder sich sonst irgendwie schützt. In Kapitel 11 werden verschiedene Methoden besprochen, wie man mit dem Problem der Empfängnisverhütung beim ersten Geschlechtsverkehr umgehen kann.

Es gibt keine ideale Verhütungsform. Die Pille ist zwar das wirkungsvollste Mittel, wahrscheinlich aber auch das gefährlichste, und viele Frauen haben sie abgesetzt. Sie kann bei Frauen Zysten, Blutgerinnsel und andere medizinische Probleme verursachen. Wenn auch kein Verhütungsmittel hundertprozentig sicher ist (die Pille ist nur neunundneunzig Prozent sicher), gibt es einige, die mehr bewirken als andere. Die Spirale ist aus mehreren Gründen nicht so gut. Es kommt vor, daß sie den Muttermund verletzt oder daß sie verrutscht. Das beste ist wohl das Diaphragma, das man immer in Zusammenhang mit einer samentötenden Salbe gebrauchen sollte. Es darf nicht eher als zwei Stunden vor dem Geschlechtsverkehr eingeführt werden und sollte mindestens sechs Stunden hinterher drinbleiben.

Wenn Sie eine dauerhafte Freundschaft pflegen und Ihre Partnerin keine Pille nimmt oder kein anderes Verhütungsmittel gebraucht, raten Sie ihr zum Diaphragma. Es schafft kaum medizinische Probleme und bietet einen hohen Schutzgrad vor einer Schwangerschaft. Die weibliche Angst vor einer Schwangerschaft sollte schon vom ersten Augenblick einer Beziehung an gelöst sein.

»ICH WERDE IHN VERLETZEN – SONST TUT ER MIR WEH«

Kein Mann und keine Frau will sich gern mit jemandem einlassen, der eine fragile emotionale Struktur besitzt. Diese Art von Zerbrechlichkeit ist das Gegenteil von Selbstsicherheit. Aber egal, wie selbstsicher eine Frau auch ist, die Angst vor Zurückweisung bleibt.

Die Kehrseite des Verletztwerdens ist es, selbst jemanden zu verletzen. Früher hatten die Männer Angst, daß eine Frau, mit der sie schliefen, alles viel zu ernst nehmen würde. Wenn beim Sex zu viel aufrichtige Zuneigung im Spiel war, zogen sie sich schnell zurück. Die Gleichberechtigung hat diese Verhältnisse jedoch verändert, und nun beginnen die Frauen, dieselbe Angst zu spüren.

In ihrem Buch *Grenzen: eine Suche nach neuen Werten* beschreibt Maxine Schnall ein Problem, das seit den siebziger Jahren aufgetaucht ist. Sie nennt es ›Bindungsangst‹ und definiert es als ›eine Unfähigkeit, eine exklusive, dauerhafte Beziehung mit einem Vertreter des gegenteiligen Geschlechtes einzugehen oder zu unterhalten. Ein Mensch, der an Bindungsangst krankt, ist auf Kosten seiner emotionalen Zugänglichkeit sexuell verfügbar geworden. Zärtlichkeit wird jetzt zu einem neuen Tabu.‹

Während das Problem normalerweise bei Männern auftaucht, weist Schnall darauf hin, daß auch Frauen in Hinsicht auf eine langwährende emotionale Bindung immer vorsichtiger werden. Da sie Angst hat, ihre Verletzbarkeit in ihren ›weiblichen‹ Eigenschaften preiszugeben, sucht eine Frau mit Bindungsangst nach einem unzugänglichen Mann – einem Mann, der nicht von ihr abhängig werden will. Wie ihre männlichen Gegenspieler können diese Frauen nur schwer glauben, daß ›es möglich ist, zugleich autonom und einander tief verbunden zu sein‹.

Eine zweiundzwanzigjährige Zeitungsverlegerin aus New York sagte zu mir: »Die Männer haben in bezug auf Sex viel mehr Komplexe als wir. Wenn ich eine Affäre abbreche, muß ich Angst haben, daß ich ihm einen Komplex fürs Leben verpasse. Also hänge ich ständig mit irgendwelchen blödsinnigen Beziehungen rum, obwohl ich eigentlich keine Lust dazu habe – oder man läßt sie alle links liegen.«

Die Lösung scheint immer die gleiche zu sein, ob eine Frau nun Angst davor hat, verletzt zu werden, oder ob sie andere verletzt. Seien Sie also vorsichtig, wenn Sie Ihre Gefühle eingestehen oder auf eine länger dauernde Bindung zu sprechen kommen. Wenn man den Satz ›Ich liebe dich‹ zu Anfang einer Beziehung erst mal wegläßt, hat man wahrscheinlich zwei Vorteile: Man umgeht ihre Angst davor, verletzt zu werden, *und* ihr Gefühl, sie könnte Sie verletzen. »Die Leute sind immer so fürchterlich glücklich, wenn sie dieses ›Ich liebe dich‹ hören«, sagte mir ein Freund. »Ich muß immer daran denken, was John Wayne in einem Film über den Gebrauch des Gewehrs gesagt hat: ›Schieß nicht, es sei denn, du willst töten.‹«

Wenn Sie mit mehr als einer Frau gleichzeitig liiert sind, achten Sie auf die Etikette. Lassen Sie ruhig jede Frau von der anderen wissen, aber reden Sie nicht von der Frau, die gerade nicht mit Ihnen zusammen ist. Und denken Sie daran – die einzige Art, eine Frau wirklich zu lieben, ist es, sie allein zu lieben.

5.
Werbung und Romantik

Noch vor den sechziger Jahren waren amerikanische Spielfilme voll von forschen Männern, die schöne Frauen umwarben. Romanzen galten als unumgängliches Vorspiel für die Liebe. Besonders während der großen Depression wurden auf der Leinwand die führenden Männer ihrer Zeit gezeigt, die in schwarzen Smokings und Krawatten die führenden Frauen ihrer Zeit in die eleganten Restaurants geleiteten, ihre Zimmer von einer Wand bis zur anderen mit den aufwendigsten Blumenarrangements füllten und auf den Marmorterrassen der herrlichsten Villen bei klarem Himmel und hellem Mondlicht wortgewandte Liebesbeteuerungen deklamierten.

Nun, die Zeiten haben sich geändert. Im letzten Kassenrenner hält John Travolta sich nicht erst lang damit auf, den Namen seiner Partnerin zu erfragen. Das hat Zeit bis *nach* dem Sex. Kein Wunder, daß viele Frauen der Meinung sind, es sei höchste Zeit, die Romantik wieder aufleben zu lassen.

Aber eine Sache hat sich natürlich noch nicht geändert: Romanzen sind teuer. Eine Frau in eines der wirklich guten Restaurants auszuführen (wobei Sie den schwarzen Schlips vergessen können), kann einen Wochenlohn kosten. Das Geld, das Sie für die entsprechenden Blumenarrangements in ihrem Zimmer brauchen, könnte einen oder zwei Monate lang Ihre Miete abdecken.

Alle Frauen, mit denen ich gesprochen habe, sagten mir, daß sie von einem Mann erwarten, ausgeführt und umworben zu werden. Ab und zu, so meinten sie, hätten sie gern ein kleines Geschenk. Sie sehnen sich nach diesen Beweisen von Zuneigung und Aufmerksamkeit. Dennoch, diese Zeichen sind sehr teuer. Für viele Männer stellt sich die praktische Frage: wie kann man sich als armer Mann Romantik leisten?

Frauenbefreiung ja oder nein, fast alle Frauen möchten gern hofiert werden. Eine Karrierefrau aus New York sagte dazu: »Unter all diesen ›karrieregeilen‹ Geschäftskostümen findet man wahrscheinlich Spitzenunterwäsche. Lassen Sie sich nicht durch ein rauhbeiniges, geschäftsmäßiges Äußeres täuschen. Ich bin immer noch für Rosen und kitschige Valentinskarten dankbar.«

Was sich die Frauen von dieser Werbung erwarten, ist von Region zu Region in unserem Land unterschiedlich und wechselt sogar von einer Altersgruppe zur anderen. Einige Frauen möchten sich mehr an den Ausgaben beteiligen als andere. Auch auf die Gefahr hin zu verallgemeinern, ist es wohl so, daß Frauen aus den südlichen und südwestlichen Staaten mehr von ihren Freunden und Liebhabern erwarten als anderswo. In anderen Staaten ist das Alter der wesentliche Faktor. »Wenn ein Mann über Vierzig ist, nimmt er normalerweise an, daß er die Rechnung bezahlen wird«, sagte eine neunundzwanzigjährige Geschäftsfrau aus Chicago. »Wenn er unter dreißig ist, erwartet er im allgemeinen, daß sie die Kosten übernimmt. Ist er irgendwo zwischen dreißig und vierzig Jahren, wird die Situation flexibler.«

Um herauszufinden, wie man mit solchen möglicherweise ungeschickten, ›flexiblen Situationen‹ umgehen kann, habe ich die Psychologin Dr. Marylin Machlowitz befragt. »Eine Frau kann heute genausoviel Geld verdienen wie ein Mann, vielleicht sogar mehr«, sagte sie. »Wie also stellt man sich da der delikaten Frage, wer die Rechnung bezahlen soll? Kellner, die auf dieses Problem aufmerksam gemacht und entsprechend ausgebildet wurden, reichen die Rechnung nicht mehr automatisch dem Mann hinüber, sondern legen sie in eine entmilitarisierte Zone auf der Mitte des Tisches. Wenn man nicht vor der Einladung schon miteinander abgemacht hat, wer für die Kosten aufkommt, könnte der Mann zum Beispiel den ersten Schritt tun, indem er sagt: ›Wie sollen wir es jetzt machen?‹ oder ›Diesmal lade ich dich ein, du bist dann das nächstemal dran.‹ Das bedeutet, daß er ein paar wichtige Dinge klarstellt. Erstens zeigt er damit, daß er den Wert und die Meinung seiner Partnerin achtet. Weder Männer noch Frauen mögen es, wenn man Forderungen an sie stellt oder ihnen Befehle gibt. Zweitens erweist er sich damit als großzügig und fair. Er zieht nicht seinen Taschenrechner hervor und reklamiert: ›Du schuldest mir dreißig Mark zweiundfünfzig.‹«

In der ›guten alten Zeit‹, als die Romantik noch nicht aus der Mode gekommen war, haben Männer und Frauen das Problem oft auf diese Art gelöst: Wenn er sie zum Abendessen in einem Restaurant eingeladen hatte, bot sie ihm als Gegenleistung ein selbstgekochtes Mahl bei sich zu Hause an. Es gab auch einige, wenige Variationen. Sie schob zum Beispiel eine Pizza in den Ofen, und er brachte Bier mit.

Heute gibt es viel mehr Möglichkeiten, die Kosten zu teilen. Als erstes kann sie *ihn* jetzt in ein Restaurant einladen, und er kann *ihr* zu Hause ein schönes Essen kochen. Viele Frauen berührt es mehr, wenn ein Mann Zeit dafür investiert, für sie zu kochen, als wenn er diese Arbeit dem Restaurant überläßt und dafür viel Geld ausgibt.

Oder, wenn sie soviel Geld verdient wie er, kann er das eine Mal einfach die Rechnung bezahlen. Sie wird dann schon die nächste übernehmen. Diese Handlungsweise hat nur einen Haken. Wenn Sie vorhaben, ihre Partnerin in ein teures Restaurant einzuladen, sollten Sie sich immer vornehmen, für die gesamten Kosten allein aufzukommen. Es ist nicht fair, sie zu einem teuren Essen zu überreden, das sie selbst vielleicht gar nicht gewählt hätte, und dann noch von ihr zu erwarten, daß sie dafür bezahlt.

Wie auch immer Sie sich entscheiden, eins ist noch wichtig. Ein Essen muß nicht unbedingt teuer und kann dennoch romantisch sein. Ein mir bekanntes Paar hat die Zeit des ersten Kennenlernens damit verbracht, alle kleinen Restaurants in New Yorks Westside auszuprobieren. Und zwei andere Freunde von mir überraschten sich ständig gegenseitig damit, charmante, aber nicht teure Restaurants für den anderen zu entdecken. Oft sind es griechische, italienische, indische, chinesische oder thailändische Lokale oder solche mit anderen folkloristischen Speisen, in denen man für kaum zwanzig Dollar stimmungsvoll essen kann.

Man kann auch sehr exklusive Restaurants ausprobieren, ohne gleich ein Vermögen dazulassen. »Ich führe meine Freundin gern in das Rainbow Room, das Window on the World oder andere schicke Restaurants in wolkigen Höhen«, erzählte mir ein New Yorker. »Ich lade sie einfach nur zu einem Glas Wein ein, und so sitzen wir dort oben und beobachten den Sonnenuntergang. Oder ich schlage ihr vor, gemeinsam dort zu frühstücken, wenn wir die Nacht zusammen verbracht haben.«

Romantisch sein – das bedeutet, jemandem zu zeigen, wieviel er einem wert ist. Man muß auch nicht so viele Geschenke kaufen. Viele Frauen sind glücklicher, wenn Sie mit einer einzigen Rose in der Tür stehen, als wenn sie zwei Dutzend Baccararosen vom Floristen liefern lassen. Am besten ist es, Sie denken sich einfallsreiche Geschenke aus – frische Erdbeeren im Januar, oder italienisches Eis im Juli oder etwas ganz Besonderes, das ihnen selbst gehört hat – ein Gedichtbändchen zum Beispiel, das sie schon häufig durchgelesen haben.

Frauen schätzen die Geschenke am meisten, die ihnen zeigen, wie gut Sie *sie* kennen, ihren Geschmack, ihre Vorlieben und ihre Abneigungen. Wenn Sie ihr ein Parfüm kaufen, wählen Sie eines, das sie einmal erwähnt hat. Wenn sie klassische Musik mag, kaufen Sie ein Saisonabonnement für das Symphonieorchester. Wenn sie Interesse daran zeigt, eine neue Sportart zu erlernen, schenken Sie ihr ein paar Trainingsstunden. »Aber vor allem kaufen Sie ihr nie ein Geschenk, das ihr das Gefühl gibt, sie sollte abnehmen oder ihre Bildung erweitern!« rät eine meiner Freundinnen.

Für die Frauen ist es das größte Problem, daß die Männer nicht oft genug anrufen. Wenn Sie einer Frau zeigen wollen, daß Sie an sie denken, heben Sie am besten öfter mal den Hörer ab und sagen es ihr, besonders dann, wenn einer von beiden verreist ist.

Sollten Sie in einem Büro arbeiten, hat Dr. Machlowitz einige besondere Tips für Sie: »Lassen Sie die Anrufe bei ihr nicht durch die Sekretärin erledigen. Wählen Sie die Nummer selbst. Und achten Sie darauf, ihr Ihre Privatnummer zu geben, wenn Sie eine besitzen. Geben Sie ihr auch die Nummer von Ihrer Wohnung, sonst vermutet sie sofort eine Ehefrau, Freundin oder beides im Hintergrund.«

INSZENIERUNG EINES ROMANTISCHEN EREIGNISSES

Obwohl man Romantik normalerweise mit Abendessen und Tanz verbindet, ist sie doch vor allem ein seelischer Zustand. Ein langer Spaziergang nach einem Schneesturm ist eines der schönsten romantischen Ereignisse, wenn man warm genug angezogen ist. Das gleiche gilt für Spaziergänge im Botanischen Garten im Frühling oder einen Marsch durch den herbstlichen Laubwald. Ein Schaufensterbummel kann romantisch sein, ein Museumsbesuch oder das Durchforsten von Antiquariaten. Ein kreativer Mensch kann zu den ungewöhnlichsten Zeitpunkten eine romantische Stimmung aufkommen lassen und sie aus sehr unerwarteten Begebenheiten hervorzaubern.

Mein Freund Arthur zog in eine neue Wohnung um und fing gleichzeitig eine neue Beziehung an.

Eines Tages lud er Carol, seine neue Freundin, ein, seine Wohnung zu besichtigen. Sie war noch nicht fertig eingerichtet. Der Strom war noch nicht angeschlossen, so daß Arthur Kerzen anzünden mußte. Auch die Küche hatte er noch nicht vollständig eingebaut, aber dafür hatte er eine Flasche guten deutschen Wein und zwei große Gläser gekauft. Dann stellte er seine Stereoanlage auf und empfing Carol mit einem Streichquartett von Mozart. Er entschuldigte sich bei ihr, daß er noch keine Stühle hätte, und wies sie auf den zusammengeknüllten Schlafsack auf dem Boden hin, in dem er schlafen müßte, bis seine Möbel einträfen. Arthur setzte sich zu Carol auf den Schlafsack, und sie leerten die Weinflasche mit viel Gelächter. Das Kerzenlicht warf lange Schatten in den leeren Raum, und als nächstes legten die beiden sich nebeneinander und fanden sich in einem freien, spontanen, romantischen Liebesakt zusammen.

Zumindest sah es auf den ersten Blick so aus. Später erzählte mir Arthur, daß er den ganzen Abend sorgfältig vorausgeplant hätte. Er hatte die Lieferung der Möbel absichtlich verzögert, den Schlafsack ausgeliehen und die Kerzen gekauft, weil er Carol auf ungewöhnliche Weise verführen wollte.

6.
Verführung und Erregung

Vor kurzem fuhr ich wieder einmal nach Washington und traf dort meine Freundin Suzanne. Trotz der Kälte beschlossen wir, die Rodin-Ausstellung in der National Gallery of Art zu besichtigen.

»Worüber schreibst du jetzt gerade?« fragte sie mich lächelnd, als wir vor Rodins Skulptur *Der Kuß* standen.

»Verführung und Erregung«, antwortete ich ein wenig zögernd.

Sie warf mir einen Seitenblick zu. »Soll das ein versteckter Hinweis sein?«

»Nur, wenn du es so verstehen willst«, entgegnete ich.

Dann stellte sie mir eine Frage, die mich überraschte. »Worüber wirst du als erstes schreiben?«

»Was meinst du?«

»Verführung oder Erregung? Über was wirst du als erstes schreiben?«

»Nun, mehr oder weniger ist ja beides das gleiche, deshalb dachte ich mir, ich schreibe über beides gleichzeitig.«

Plötzlich erschien sie mir verärgert. »Was meinst

du damit, daß beides ›das gleiche‹ ist? Das ist keineswegs das gleiche.«

Ich war so überrascht, daß mir nichts besseres einfiel als zu fragen: »Ich verstehe nicht ganz. Wodurch unterscheiden sie sich denn?«

Da hielt Suzanne mir einen Vortrag, der mir deutlich machte, daß man die Frauen nur dann wirklich verstehen kann, wenn man sich dieser Unterschiede bewußt ist.

»Hunde können sich dabei erregen, wenn sie sich an den Beinen eines Menschen reiben«, sagte sie. »Manchmal glaube ich, daß die Männer genauso sind. Wir Frauen werden auch erregt, schließlich sind wir irgendwo Tiere. Aber die Erregung ist nicht genug, sie kommt der Sache nicht einmal nahe. Eine Erregung ohne Verführung ist gar nichts. Verführung ist etwas Besonderes. Es ist etwas, das in der Seele geschieht. Wenn ich ohne Verführung erregt werde, ist das nur eine unangenehme Nebensache, wie eine Verdauungsstörung oder ein Kitzeln in der Nase, das einen zum Niesen bringt.«

Sie deutete auf die Marmorplastik vor uns und fügte hinzu: »Ich glaube, Rodin empfand Sex als etwas Körperliches, aber darin drückt sich auch große Leidenschaft aus.«

Welche Begriffe man dafür auch immer wählt, es gibt zwei Dinge, die wirklich geschehen müssen, bevor eine Frau zur sexuellen Liebe bereit ist. Als erstes muß sie es *wollen*. Ihr Herz und ihre Seele müssen darauf vorbereitet sein, müssen die Liebe empfangen wollen, emotional begierig darauf sein. Das ist der Teil, den Suzanne ›Verführung‹ nennen würde, er geschieht gewöhnlich *außerhalb* des Bettes. Der zweite, vielleicht einfachere Teil ist körperlich. Man muß ihren Körper auf die Liebe ›einstimmen‹. Er muß dafür bereit sein, sich danach verzehren. Suzanne würde das wohl ›Erregung‹ nennen. Dieser Teil geschieht normalerweise *im* Bett.

Diese Bezeichnungen haben keine Bedeutung. Aber es ist äußerst wichtig, daß man sowohl auf ihre emotionalen wie auf ihre physischen Bedürfnisse achtet, wenn man einer Frau dabei hilft, sich auf die sexuelle Liebe vorzubereiten.

VERFÜHRUNG

Was veranlaßt eine Frau, Liebe machen zu *wollen*? Würde man hundert Frauen diese Frage stellen, bekäme man hundert verschiedene Antworten. Die Liste der Voraussetzungen ist sehr unterschiedlich. Eine Frau würde antworten: »Einen über ein Meter dreiundachtzig großen, ruhigen Mann, der leidenschaftlich in mich verliebt ist, eine langsame Fahrt auf einem Ozeandampfer, ein Spaziergang im Mondschein und eine leichte Brandung.« Eine andere Frau sagt schlicht: »Mein Mann – zu jeder Zeit, überall.« Die Chemie des Herzens kennt keine Formeln.

Dennoch gibt es Naturgesetze. Und nach den Naturgesetzen der Frau gibt es drei Dinge, über die man nachdenken sollte, wenn man sie verführen will – wenn man sie dazu bringen will, daß sie mit einem Liebe machen *möchte*.

DIE RICHTIGE PERSON

Der wichtigste Faktor, der den Erfolg einer Verführung garantieren kann, ist die Person, die diese Verführung geplant hat. Man kann seine gesamte Aufmerksamkeit auf den richtigen Zeitpunkt konzentrieren und die Szene mit aller Anstrengung herbeizuzaubern versuchen – wenn sich eine Frau von einem Mann nicht angezogen fühlt, verschwendet er seine Zeit. Die meisten Frauen sehen im Sex mehr als nur körperliche Befriedigung, und sie sind weniger leicht dazu bereit, mit einem Mann ins Bett zu gehen, den sie nicht für den Richtigen halten. Haben Sie Selbstvertrauen, aber seien Sie auch ehrlich. Sie werden beiden die Peinlichkeit einer fehlgeschlagenen Verführung ersparen.

DER RICHTIGE ZEITPUNKT

Eine Frau, die Liebe machen möchte, erträgt es nicht, wenn Zeit oder äußere Umstände sie unter Druck setzen. Deshalb muß die Verführung mit ihren anderen Lebensumständen zusammenpassen, wenn sie erfolgreich sein soll.

»Auch intelligente Männer machen manchmal die dümmsten Fehler«, berichtete mir eine Innenarchitektin aus Los Angeles. »Letzte Woche ging ich mit einem Mann aus, den ich schon ein paarmal getroffen hatte und wirklich gut leiden konnte. Ich sagte ihm gleich zu Anfang, daß ich am nächsten Morgen früh zu einer Versammlung nach Phoenix fliegen müßte, und *dennoch* hat er den ganzen Abend lang versucht, mich ins Bett zu kriegen. Ich hätte wirklich Lust dazu gehabt. Deshalb sagte ich ihm ständig ›ein andermal, Dan‹, aber er hielt das nur für eine Phrase.«

Natürlich gibt es auch Frauen, für die der richtige Zeitpunkt die kleine Viertelstunde ist, die sie gerade zur Verfügung haben. Die Vorstellung von spontanem Sex an ungewöhnlichen Orten reizt sie. Aber Sie sollten sich vorher erst vergewissern, ehe Sie diesen Vorschlag machen.

Was ist während ihrer Periode? Die Sexualtherapeutin Dr. Avodah K. Offit sagt, daß Frauen während ihrer ›Tage‹ anders auf Sex reagieren. Bei einigen können Menstruationskrämpfe das sexuelle Interesse beeinträchtigen. Anderen hilft die sexuelle Erregung, Schmerzen oder mäßige Spannungen zu überwinden.

Einige Männer fühlen sich bei dem Gedanken an Geschlechtsverkehr während der Menstruation angeekelt. Andere finden darin ein Zeichen für Männlichkeit. Wenn ein Mann auch wenig bei der Spannung oder den Menstruationsbeschwerden einer Frau ausrichten kann, hat er doch einen gewissen Einfluß. Die Reaktion einer Frau auf ihre eigene Menstruation hängt zum Teil von der Reaktion ihres Liebhabers ab. Offit schreibt darüber: »Die männlichen Reaktionen variieren von Angst bis hin zu einem lustvollen Schwelgen im rosaroten Ausfluß der Geliebten. Manche Männer bestehen auf Handtüchern und Möglichkeiten zum Abwischen vor, während und nach dem Verkehr. Andere bemalen ihren Körper wie glückselige Wilde in einem Rausch von Fruchtbarkeit, Liebe und Leben.«

DIE RICHTIGE ATMOSPHÄRE

Über die richtige Stimmung bei der sexuellen Liebe und wie man sie herstellen kann, ist schon viel geschrieben worden. Ich fand heraus, daß Kerzenlicht, Blumen und Musik zu den Lieblingsfaktoren zählen, auch wenn sie sehr an Klischees erinnern. Musik kann als besonders wirkungsvolles Aphrodisiakum fungieren. Ob es sich jetzt um den gleichmäßig stampfenden Beat der Lieblingsrockplatte handelt oder um die zarten Töne eines barocken Harfenkonzertes – Musik erzeugt die richtige Atmosphäre und bestimmt den Takt der Liebe. Dennoch ist die Stimmung für ein erfolgreiches Liebeserlebnis nicht so furchtbar wichtig, wenn die Frau für den Mann bereit und er für sie richtig und wenn für beide der rechte Augenblick gekommen ist.

Viele Frauen, mit denen ich gesprochen habe, stimmten mir darin zu. »Ich muß zugeben, daß ich diese kleinen Dinge nett finde, aber sie sind nicht wesentlich. Ich finde sogar, daß sie zu oft als *Ersatz* für das Eigentliche in der Beziehung gebraucht werden. Es ist wie eine Art Schauspielerei – ›tun wir mal so, als wären wir verliebt‹.«

Auch wenn ich finde, daß gegenseitiges Vertrauen und Aufmerksamkeit für eine Frau während der Liebe wichtiger sind als Blumen und Champagner, weiß ich, daß es bestimmte Augenblicke gibt, in denen Frauen auf besondere Weise behandelt werden wollen. In solchen Momenten kann die richtige Atmosphäre den Akt der Liebe wahrhaft verschönern. Jetzt ist es an der Zeit, wirklich den roten Teppich auszurollen, Blumen zu besorgen (oder vorbeischicken zu lassen), so viele Kerzen anzuzünden, wie man nur finden kann, eine Platte mit sanfter Musik aufzulegen, und – wie mein Freund es einmal gesagt hat – ›wie in einer Rotweinreklame aufzutreten‹.

Aber dabei beachten Sie bitte, daß Sie diese Dinge nur für besondere Gelegenheiten aufsparen sollten, sonst verlieren sie ihren Reiz völlig. Ein Teil ihres Zaubers liegt in ihrer Seltenheit. Die schönsten ›besonderen Gelegenheiten‹ sind natürlich die, in denen Sie Ihre Geliebte ohne Grund überraschen.

Wie wirken sich Stimulansmittel wie Drogen und Alkohol auf die weibliche Sexualitätsschwelle aus?

Eine Frau sagte: »Wenn ich sehr angespannt bin, brauche ich nur ein kleines Gläschen oder ein bißchen Hasch, und schon fühle ich mich wieder entspannt. Für mich ist Hasch eigentlich das Beste. Es gefällt mir vor allem, daß Hasch einen für alles offen macht, was rundherum geschieht. Man spürt jede kleine Nuance der Sinneseindrücke.«

Bei Drogen und Alkohol kommt es hauptsächlich darauf an, in welchen Mengen sie genossen werden. Wenn man zuviel davon konsumiert, haben sie den gegenteiligen Effekt und unterdrücken die Liebesfähigkeit. Andrerseits haben mir viele Frauen auf unterschiedliche Weise gesagt, daß sowohl Alkohol als auch Drogen ihnen oft dabei behilflich seien, ihre sexuell hinderlichen Hemmungen zu überwinden.

WILL SIE, ODER WILL SIE NICHT?

Wenn Sie der ›Richtige‹ sind und Zeit und Atmosphäre, zumindest Ihrer Meinung nach, ebenfalls stimmen – wie können Sie nun genau wissen, ob sie ja sagen wird? Wie können Sie herausfinden, ob sie Liebe machen will? Zur Verführungskunst gehört es, die Signale lesen zu können.

Das ist beim erstenmal besonders schwierig. »Alle sexuellen Beziehungen haben zwei Phasen«, sagte mir eine Hausfrau aus Boston. »Die Zeit vor und die Zeit nach dem ersten Mal.« Fast alle Männer *und* Frauen, mit denen ich mich unterhalten habe, bezeichnen das erste Liebeserlebnis als eine Mischung aus Aufregung und Beklemmung. Normalerweise ist der Sex beim erstenmal nicht unbedingt gut, aber in der Vorstellung von Männern ist er direkt großartig. Für Frauen dagegen ist der erste Geschlechtsverkehr ganz selten schön. Später erst, wenn beide schon viele Male miteinander geschlafen haben, wird die Frau ihn richtig genießen. Dennoch hat der erste Verkehr eine große Bedeutung für die Einstimmung auf alle weiteren Begegnungen. Wahrscheinlich wird die Art, wie Sie sich das erste Mal verhalten haben, bestimmen, ob es noch ein zweites Mal geben wird.

Die Männer berichten, daß das größte Problem beim erstenmal darin besteht, herauszufinden, ob ihre Partnerinnen wirklich mit ihnen schlafen wollen. Ironischerweise sehen die Frauen das größte Problem darin, daß sie sich nicht zwischen ja und nein entscheiden können. Kein Wunder, daß die Männer verwirrt sind. Wie sollen sie wissen, was die Frauen wollen, wenn diese sich nicht für ihre Wünsche entscheiden können?

Ein Rechtsanwalt aus Boston kommentiert: »Ich habe lange gebraucht, um festzustellen, daß eine Frau, wenn sie nein sagt, in Wirklichkeit meint: ›Zeig mir, wie sehr du mich willst.‹ Bei ziemlich vielen Frauen habe ich die Chance verpaßt, weil ich dieses erste ›Nein‹ wörtlich genommen hatte. Viele Frauen möchten sich vom männlichen Begehren überwältigen lassen.«

»Es ist einfach frustrierend«, sagte ein Versicherungsagent aus Hartford. »Du fängst an, geil zu werden, sie fängt an, geil zu werden, und du bist sicher, daß beide es kaum erwarten können, ins Bett zu gehen. Aber gerade wenn man meint, jetzt ist die Sache klar, fällt eine Schranke. Manchmal liegt es an etwas, das sie sagt, manchmal an etwas, das sie tut, manchmal ist es einfach nur so ein Gefühl.«

Um das gegenseitige Auskundschaften und die Entdeckungen der ersten Nacht im Bett vollständig genießen zu können, muß eine Frau sich öffnen, sich wohl fühlen und von aller Last der Beklemmungen und Reserviertheit befreit sein.

Viele Frauen möchten zwar gern erregt werden, aber noch nicht gleich den ganzen Weg gehen. Was bei Männern wie ein grünes Signal wirkt, ›okay, ich will mit dir schlafen‹, bedeutet in Wirklichkeit nur: ›Ich möchte erregt werden.‹ Zwischen diesen Zeichen gibt es eine subtile, manchmal schwankende Grenze, und die ist schwer zu erkennen.

Das zuverlässigste Signal ist der Augenkontakt. Die Augen sind wirklich das Fenster zur Seele, davon zeugen schon die Dichter, die sich in ihrer Poesie Jahrhunderte hindurch den Augen gewidmet haben. Dante wußte, daß Frauen und Männer sich mit den Augen mehr zu sagen haben als mit dem Mund. Von seiner Geliebten Beatrice schrieb er: ›Ihre Augen haben mir Pfeile ins Herz geschossen.‹

Vor der Beantwortung von so direkten Fragen

wie: »Möchten Sie mit mir schlafen?«, die Männer allzu leicht stellen, schrecken Frauen ebenso leicht zurück. »Der Liebesakt sollte sich so vollziehen wie der Schlußakkord der Beethovensonate«, sagte mir eine junge Musikerin aus Boston, »der Abend sollte unscheinbar dazu überleiten.«

Wenn Sie herausfinden wollen, ob sie dafür bereit ist, versuchen Sie es mit einem kleinen Hinweis und achten Sie auf ihre Reaktion – vor allem auf ihren Blick. Das seit Urzeiten beliebteste Mittel, ihre Absichten herauszuspüren, ist es, ihr einmal kurz über den Rücken zu streichen. Wenn sie daran interessiert ist, wird sich ihr Blick kurz mit dem Ihren kreuzen, und in ihren Augen können Sie einen Ausdruck von mildem Tadel und halbem Interesse lesen. Sie werden den Blick erkennen, wenn Sie ihn sehen. Beinahe jede Unterhaltung – egal, über welches Thema, und mag es noch so unscheinbar sein – bietet viele Möglichkeiten zu versteckten Seitenblicken.

Ein weiterer ›Test‹ ist der Tanzboden. Ich muß immer daran denken, was Fred Astaire über Ginger Rogers gesagt hat: »Sie war fähig, Sex durch den Tanz auszuführen.« Und auch die Aussage eines jungen Arztes aus New Haven, der erklärt hat, man könnte die sexuellen Wünsche der Frau ›lesen‹, geht mir nicht aus dem Sinn. »Ich weiß immer genau, ob meine Frau Lust zum Sex hat, wenn wir zusammen auf der Tanzfläche stehen.« Während er sprach, saß uns seine hinreißend schöne Frau gegenüber und nickte wissend. »Ich spüre das Gewicht ihrer Hand auf meiner Schulter, die plötzliche Berührung an meinem Schenkel, das leichte Seufzen, wenn ich sie bei einer langsameren Nummer fester in die Arme nehme.«

Aber beim Tanzen kann man noch mehr über eine Frau erfahren als ihre Bereitschaft zur Liebe. Auf der Tanzfläche stellt eine Frau so etwas wie eine Pantomime ihres eigenen sexuellen Ichs dar. Ich habe noch keine gute Tänzerin kennengelernt, die nicht auch eine gute Liebhaberin war. Interessanterweise behaupten die Frauen von den Männern genau dasselbe. »Ich brauche einen Mann nur eine Minute lang beim Tanzen zu beobachten und weiß genau, wie er im Bett sein wird«, sagte eine Frau. »Da ist die Art, wie er seine Hüften bewegt, wie er den Takt behält, wie er mit seinem Körper umgeht, alles ist da.« Hier ist ein weiterer Ort, wo Männer Unterricht nehmen können.

Ich mag Tanzen auch noch aus einem anderen Grund. Eine Frau, die überhaupt nicht romantisch gestimmt sein mag, wenn ich sie zur Tanzfläche führe, fühlt sich bestimmt anders, wenn wir zu unseren Plätzen zurückgehen.

Natürlich ist das Tanzen nicht der einzige Weg, die körperliche ›Wärme‹ zu erspüren, die eine Frau für Sie hegen kann. Sie merken es sofort, wenn sie bei der Begrüßung ein bißchen ›zu lange‹ in Ihren Armen bleibt oder sich bei Ihnen einhängt, wenn Sie mit ihr die Straße überqueren.

»Küsse lügen nicht«, lautet ein alter Schlager, und die Frauen, mit denen ich gesprochen habe, stimmten dem alle zu. »Es liegt schon alles im Kuß«, klärte mich ein Freund auf, der bei Frauen viel Erfolg zu haben scheint. »Man braucht überhaupt keine Fragen mehr zu stellen.«

Dank dieses Freundes kann ich hier ein kurzes Brevier über die ›Interpretation der Küsse‹ veröffentlichen. Reagiert sie auf enthusiastische Küsse? Was noch wichtiger ist, geht sie dabei noch einen Schritt weiter? Wenn Sie ihre geschlossenen Lippen küssen, öffnet sie zärtlich den Mund? Gebraucht sie als erste die Zunge? Wenn Sie damit den Anfang machen, geht sie schnell darauf ein? Wenn Sie all diese Fragen mit ja beantworten können, dürfen Sie sicher sein, daß sie sich noch mehr wünscht. Wieviel? Das finden Sie nur heraus, wenn Sie sie – sanft – vorantreiben.

Wenn sie weiter gehen möchte, wird sie entweder deutlichere Signale aussenden oder bis zum nächstenmal warten. Egal wie, Sie haben eine weitere Chance. Wenn sie aber *nicht* will, bestehen Sie nicht darauf, sie noch weiterzutreiben. Entweder muß sie Sie dann mit einer schroffen Bemerkung abweisen oder einen Liebesakt über sich ergehen lassen, den sie überhaupt nicht wollte. Das kann das Ende der Beziehung schon vorprogrammieren. Wenn Sie eine Frau zum Geschlechtsverkehr zwingen, die dazu nicht bereit ist, können Sie sie ›aufs Kreuz‹ legen oder auch nicht, auf jeden Fall werden Sie viel Energie brauchen, sie hinterher davon zu überzeugen, daß Sie der Mann sind, den sie wiedersehen möchte.

Wenn sie irgendwann während der Beziehung – zu Anfang oder auf halbem Wege – starke Zurückhaltung übt, bedrängen Sie sie nicht. Ihre Botschaft ist doch deutlich: ›Ich muß dich erst besser kennenlernen, bevor wir weitergehen. Ich möchte sicher sein, daß du der Richtige bist.‹ Hören Sie auf diese Mitteilung. Sie erleben nur Peinlichkeiten und Abweisung, wenn Sie sie ignorieren.

Für unklare Botschaften gibt es einen guten Grund – sie ist unsicher. Auch in diesem Fall sollten Sie sich zurückhalten. »Wenn es bei ihren Signalen Zweifel gibt, nimm es als negative Antwort«, sagt mein erfolgreicher Freund. Es ist besser, sich bei der Zurückhaltung zu irren als bei der Verfolgung.

Am besten ist es, den Geschlechtsverkehr zunächst zu vermeiden. So riskieren Sie nicht, mit einem Nein abgespeist zu werden oder nach einem zögernden Ja die darauffolgende Ablehnung zu erleben. Wie schon gesagt: im Zweifel nie. Das gilt auch, wenn Sie schon ausgezogen im Bett liegen. »Nur ein Heiliger kann sich noch zurückhalten, wenn es schon so weit gekommen ist«, meinte einer meiner Freunde entrüstet. »Ich bin aber kein Heiliger.« Man muß kein Heiliger sein, man braucht nur etwas gesunden Menschenverstand. Mein unheiliger Freund hat, nebenbei gesagt, nicht sehr viel Glück bei Frauen.

Erzählen Sie ihr sanft, daß Sie nur gern neben ihr liegen und ihre Haut spüren möchten. Als er noch Junggeselle war, hatte mein Freund Ted eine besondere Art, einer Frau die Angst zu nehmen. Wenn er spürte, daß sie nervös wurde, sagte er ihr, daß er nichts von ihr erwartete und sich erst, wenn sie sich entspannen könnte, nackt zu ihr legen würde.

Nehmen Sie sich also alle Zeit, die Sie brauchen, und setzen Sie sie nicht unter Druck. Wenn Sie mit Sicherheit spüren, daß sie nicht mit Ihnen schlafen will, machen Sie ihr deutlich, die Tatsache, daß Sie sich schon entkleidet haben, würde nicht bedeuten, daß Sie erwarten, den Akt zu vollziehen. Beim echten Liebesakt gibt es keine Verpflichtungen. Aber sagen Sie es humorvoll. Melodrama oder Märtyrertum stören nur. Denken Sie daran, daß Sie um ihretwillen wünschen, sie würde mit Ihnen Liebe machen. Wenn sie das aus Schuld- oder Pflichtgefühl tut, hat das Ganze nichts mit Liebe zu tun. Sie befriedigen sich nur auf ihre Kosten.

Wenn sie unsicher war, ob sie die Nacht über bleiben sollte oder nicht, steckte Ted sie in einen äußerst bequemen Flanellschlafanzug, stopfte die Bettdecke um sie fest und gab ihr einen Gutenachtkuß.

Nichts entspannt eine Frau mehr und nichts steigert die Chance eher, daß es das nächste Mal klappen wird, als Ihre ruhigen Versicherungen. Und nichts macht sie nervöser und den Geschlechtsverkehr unwahrscheinlicher, als Druck – auch wenn es nur psychologischer Druck ist. Eine Geschäftsfrau aus Los Angeles sagte mir einmal: »Ich glaube, es gibt auf der ganzen Welt keine

Frau, die nicht einmal in eine sexuelle Falle getappt ist. Es ist fast so, als ob alle Türen sich auf einmal schließen würden. Ein richtiger Alptraum.«

Wenn Sie Ihr sexuelles Verlangen zurückhalten, ersparen Sie ihr nicht nur diese Angst, sondern Sie ›halten die Tür zur Liebe für den nächsten Tag offen‹. Betrachten Sie diese Zurückhaltung als positiven Ausblick in die Zukunft. Sie vermeiden konfliktbeladenen Sex heute in der Hoffnung, daß beide morgen fähig sein werden, Liebe zu machen.

Und das hat ein Freund von mir, der regelmäßig sexuelle Zurückhaltung übt, dazu zu sagen: »Immer, wenn ich einer Frau gesagt habe, daß ich nicht mit ihr schlafen wollte, wenn sie nicht dazu bereit wäre, führte es dazu, daß wir miteinander ins Bett gingen – wenn nicht beim nächstenmal, so doch bald darauf. Sie wußte, daß sie mir mehr bedeutete als ein bloßer Orgasmus.«

EMPFÄNGNISVERHÜTUNG

Wenn eine Frau beim erstenmal vor dem Geschlechtsverkehr zurückschreckt, muß der Grund dafür nicht unbedingt ihre Unlust sein. Es gibt auch spezielle Ursachen. Sie können und sollten versuchen, die Quelle ihrer Angst zu erforschen: Welche der weiblichen Ängste ist das Hindernis? (vgl. Kapitel 4, Angst vor dem Fliegen.)

In vielen Fällen hat sie Angst vor einer Schwangerschaft. Deshalb fragen Sie sie als erstes, ob sie sich schützt. Dabei ist Ihr Tonfall sehr wichtig, er sollte nicht fordernd oder anklagend klingen, sondern Anteilnahme signalisieren. »Nimmst du ein Verhütungsmittel?« ist besser als »Du nimmst doch die Pille, oder?«

Auch wenn heutzutage die Informationen über die Schwangerschaftsverhütung überall erhältlich sind, schützen viele Frauen sich *nicht*. Ein Grund dafür ist der schlechte medizinische Ruf der Pille, ihre chemische Zusammensetzung verursacht viele Probleme. Einige Frauen benutzen ein Pessar, aber Sie können natürlich nicht erwarten, daß sie es ständig für alle Fälle in ihrer Handtasche trägt. Es könnte darauf hindeuten, daß sie ein Sexualerlebnis *erwartet*. Diesen Zustand psychologischer Abhängigkeit möchten Frauen mit allen Mitteln vermeiden, auch auf die Gefahr hin, im richtigen Moment nicht geschützt zu sein.

Wenn das so ist, haben Sie noch andere Möglichkeiten als vollständige Abstinenz. Das Nein zum Geschlechtsverkehr muß nicht unbedingt auch für oralen Sex gelten. Ein junger Bekannter aus Vermont hat mir einmal von einem Mädchen aus dem Süden erzähle, das ihm erst im Bett gesagt habe, sie wollte keinen Verkehr. »Es wäre gegen ihren Glauben«, sagte sie. »Ich antwortete ihr, es sei in Ordnung, es mache nichts – aber, mein Gott, war ich erstaunt, als sie mir den besten oralen Sex gab, den ich je hatte. Dann tat ich dasselbe für sie, und sie war ganz begeistert.«

Sie sind noch verantwortungsbewußter, wenn

Sie selbst für die Verhütung sorgen. Für einen Mann ist das die beste Art, der Angst vor Schwangerschaft vorzubeugen, denn auf diese Weise zeigt er der Frau wirklich, daß er von dem Problem einer unerwünschten Empfängnis *genauso* betroffen ist wie sie. Frauen hegen eine stille Wut gegen viele Männer, die sich häufig hochmütig über die Risiken hinwegsetzen.

Der beste Weg, ihr zu zeigen, daß Sie sich Gedanken machen, ist Ihre Bereitschaft, ihr zuliebe auf einen Teil des eigenen Genusses zu verzichten. Normalerweise bedeutet das, ein Kondom zu gebrauchen – eine Methode, der sich die meisten Männer heftig widersetzen. Ein Barmann aus Los Angeles meinte: »Ich hasse Pariser. Wenn man einen überzieht, braucht man gar nicht erst weiterzumachen.« Durch Kondome verliert der Akt nicht an Genuß, aber sie beeinträchtigen die Leidenschaft. Derselbe Mann fährt fort: »Sie liegt da, wartet und verliert langsam ihre Lust, während ich an mir rumfummle und nichts passiert. Vergiß es.«

Aber Sie können die Situation dadurch retten, daß Sie sie bitten, ihnen den Kondom überzuziehen. Wenn sie das Gummi zärtlich über Ihren Penis streift, steigern Sie gegenseitig Ihre sexuelle Erregung. (Es kann ebenso aufregend sein, ihr beim Einführen des Pessars behilflich zu sein, wenn sie eines benutzt.) Sie wird während der Zeit, die Sie brauchen, um Ihren Pariser überzuziehen, ihre Lust bestimmt nicht verlieren, wenn sie weiß, daß Sie es aus Sorge um sie tun.

Sollten Sie sich für ein Kondom entscheiden, seien Sie damit nicht übereifrig. Das heißt, legen Sie das Paket nicht neben sich auf den Nachttisch. Sie könnte sonst annehmen, Sie hätten es extra für sie besorgt, oder, was noch schlimmer ist, Sie hielten es immer bereit, weil Sie so oft in die Verlegenheit kämen, es zu gebrauchen. Keins von beiden ist für eine Frau schmeichelhaft, geschweige denn erregend.

ERREGUNG

Was passiert, wenn Sie auffordernde Augensignale erhalten und die Körperbewegungen einer Frau Sie einladen? Wenn ihre Augen und alles andere an ihr ja sagen – ist der Liebesakt der nächste Schritt. Sie haben ihr Herz und ihre Seele gewonnen. Jetzt müssen Sie nur noch ihren Körper überreden.

Wenn Sie beide allein sind, haben Sie die Möglichkeit, sie während der Unterhaltung zu streicheln. Dadurch verführen und erregen Sie sie wahrscheinlich gleichzeitig. Doch normalerweise wird eine Frau Ihnen kaum die Gelegenheit geben, sie zu berühren, bevor Sie sie nicht erfolgreich verführt haben. Ihr Körper folgt dem Herzen nach – bei den meisten Männern ist das umgekehrt.

Die Erregung ist eine intime Angelegenheit. Viele Frauen beklagen sich darüber, daß die Männer versuchen, sie durch Streicheln, Küssen oder anderes Petting in der Öffentlichkeit zu erregen.

Sie betrachten das nicht als zärtliche Zuneigung, sondern fühlen sich auf den Arm genommen, denn ›es kann zu nichts führen‹. Bei Frauen geht die körperliche Erregung viel tiefer als bei Männern, und Sie sollten diesen Unterschied im Auge behalten, wenn Sie sie in der Öffentlichkeit bedrängen und mehr von ihr verlangen als ein Küßchen.

»Erregung«, sagte Suzanne, »ist die Kunst, eine Frau dahin zu führen, daß sie sich nach dem Liebesakt sehnt.« Eine bessere Beschreibung kann ich mir nicht vorstellen. Sie beginnt, wenn beide Körper sich berühren und endet nicht bis zum Augenblick des Orgasmus.

KÜSSEN

Viele Frauen, die ich kenne, möchten lieber mit einem Mann, der gut küssen kann, ins Bett gehen, als mit einem sexuellen Athleten. Auf der Liste, was Frauen wirklich reizt, steht die Fähigkeit zu küssen an führender Stelle. Oftmals halten Frauen das Küssen für eine besondere Form der Kommunikation.

»Wenn mir der Kuß wirklich etwas *sagt*, kommt das andere fast wie von allein«, sagte eine C.U.N.Y.-Studentin. »Wenn ein Mann sich dafür Zeit nimmt und am Küssen Spaß hat, wird mir überall warm am Körper, und ich weiß, daß der Sex schön wird.«

Für viele Männer ist das Küssen leider überflüssig und schmalzig, wenn sie nicht bei weitgeöffneten Mündern dazu in der Lage sind, mit ihrer Zunge tief hinten in der Kehle der Partnerin herumzufahren. »Französische Küsse sind ja ganz schön, wenn sie angebracht sind«, sagte eine Frau. »Aber ich muß schon ziemlich erregt sein, bevor ich sie wirklich genießen kann. Ich möchte mich lieber mit sanften, liebevollen Küssen langsam aufwärmen. Dadurch komme ich viel leichter zu dem Punkt, wo ich mich nach einem französischen Kuß sehne.« Die meisten Frauen, mit denen ich gesprochen habe, denken genauso.

Deshalb sollten Sie das Küssen auf verschiedenen Stufen praktizieren. Fangen Sie mit geschlossenen Lippen an. Küssen Sie sanft und warmherzig. Das Wort ›zärtlich‹ kam bei Frauen wiederholt vor. »Ein zärtlicher Kuß reizt mich wirklich.« Wenn sie langsam sexuell erregt wird, können Sie sie etwas fester, feuchter, schneller küssen. Versuchen Sie vorsichtig, ihre Lippen etwas auseinanderzudrücken. Wie reagiert sie, wenn Sie vorsichtig die Zunge in ihren Mund stoßen und ihre Zungenspitze berühren? Folgt Sie Ihnen mit ihrer Zunge, wenn Sie sich zurückziehen? Dann können Sie beim nächstenmal weiter gehen, aber handeln Sie nie zu schnell. Achten Sie ständig auf ihre Reaktionen.

Geben Sie ihr Gelegenheit, Ihnen zu zeigen, welche Art von Kuß *sie* mag: lassen Sie sich von *ihr* die Lippen öffnen, überlassen Sie ihr die Initiative, den nächsten Schritt zu tun. Es ist ein Teil Ihrer Liebe, wenn Sie ihr die Möglichkeit geben, sich auch für Ihre Gefühle zu interessieren.

WENN SIE SIE ENTKLEIDEN

Beim Ausziehen ist es sehr wichtig, darauf zu achten, daß Sie ihren Körper aufmerksam und liebevoll behandeln. Da viele Frauen gerade in bezug auf ihren Körper unsicher sind, sollten Sie ihr helfen, sich zu entspannen. Sorgen Sie für eine intime Beleuchtung, oder zünden Sie Kerzen an.

Am besten streifen Sie ihr die Kleider ab, langsam, genußvoll, noch bevor Sie sich selbst ausgezogen haben. Liebkosen Sie jeden neuen Körperteil, den Sie entdecken. Küssen Sie sie zärtlich, und sparen Sie mit Worten. Wenn Sie sich selbst entkleiden wollen, lassen Sie sich von ihr helfen, aber konzentrieren Sie sich weiter auf ihren Körper und sehen Sie sie ständig dabei an.

Ein Mann erzählte mir, daß seine liebste Art, sich einer Frau sexuell zu nähern, eine Variation des oben beschriebenen Wegs ist. Er und seine Freundin ziehen sich nicht erst aus, wenn sie ins Bett gehen. Sie machen ihr Petting voll bekleidet unter der Bettdecke. Auf diese Art wird das Ausziehen zu einem Teil des Vorspiels. Anstatt die sexuelle Spannung ungeschickt zu unterbrechen, baut man sie sozusagen Kleidungsstück für Kleidungsstück langsam auf. In diesem wichtigen Augenblick ist

Ihre Aufmerksamkeit beim Liebesakt da, wo sie hingehört – bei ihr.

VORSPIEL

Das Vorspiel gehört zu den Dingen, die von den Frauen oft als ›das Wesentlichste‹ beim Liebesakt bezeichnet werden. Leider müssen sie sich auch häufig darüber beklagen, daß diese Zutat meist fehlt.

Man muß sich dabei die wichtige Tatsache vor Augen halten, daß das Vorspiel für die Frauen nur der Anfang, für die Männer aber schon die akute Erregung ist. Wenn Sie zärtlich ihre Brüste streicheln oder mit der Zunge ihr Ohr entlangfahren, wächst ihre Spannung langsam. Wenn sie bei Ihnen dasselbe macht, bekommen Sie umgehend eine Erektion. Und wenn Sie einmal eine Erektion haben, liegt Ihnen natürlich nur noch eines auf der Seele – und dann denkt sie, sie muß alles andere beiseite lassen und sofort zur Sache kommen.

Beim Vorspiel ist die Zeiteinteilung der wichtigste Faktor. Weil die Männer sich sehr schnell erregen können und viel eher ihren Orgasmus erreichen, vergessen sie oft, daß die Frauen viel mehr Zeit brauchen. Wir wissen nicht, ob diese Unterschiede biologisch oder psychisch bedingt sind, aber was auch immer der Grund dafür sein mag, es gibt sie.

Deshalb müssen *Sie* die Initiative ergreifen – besonders am Anfang. Streicheln Sie sie erst einmal eine Weile, bereiten Sie ihr Freude, ohne eine besondere Gegenleistung zu erwarten. Auf diese Weise können Sie Ihrer Partnerin einen guten Start auf dem langen Weg bis hin zum Orgasmus ermöglichen.

Die meisten Männer, mit denen ich gesprochen habe, scheinen zu glauben, daß es mit dem Vorspiel etwas Besonderes, Geheimnisvolles auf sich habe, daß es ein Zaubermittel sei, mit dem man eine Frau auch ohne Genitalberührung erregen könnte.

»Ich mag gern zärtlich zu einer Frau sein und sie streicheln«, sagte mir ein junger Arzt. »Aber wie soll ich wissen, ob sie erregt ist, wenn ich nicht mit meiner Hand in ihren Slip greife, um festzustellen, ob sie feucht ist? Für sie ist es einfach, sie braucht nur auf die Ausbuchtung zu gucken. Ich muß sie aber befingern, um Bescheid zu wissen, und dann kann ich nicht mehr unterscheiden, ob ihre Erregung nun von der Zärtlichkeit oder von meinem Finger kommt.«

Das ist ein typisches Dilemma. So viele Männer glauben, daß der weibliche Körper nur zwei erogene Zonen besitzt. Aber das ist weit gefehlt. Der weibliche Körper ist eine echte Goldmine sexueller Sensibilität. Wenn die Frau in Stimmung ist und Sie sie richtig berühren, gibt es kaum einen Zentimeter an ihrem Körper, der nicht erregbar ist.

»Ich habe Männer von ihrem Penis reden hören«, sagte mir eine Kellnerin aus einem Restaurant in Hartford. »Ich fühle mich genauso, aber *überall* am Körper, wenn ich erregt bin – wie ein riesiger, großartiger Penis. Jede richtige Berührung *irgendwo* kann mich zum Höhepunkt bringen.«

Das Petting kann sich auf alle Körperteile beziehen. Es gibt kaum Stellen, die nicht erotisch reagieren können. Meiner Meinung nach ist ein ›guter Liebhaber‹ ein Mann, der das *gesamte* weibliche sexuelle Potential auskundschaften und genießen kann, (und mit dieser Meinung stehe ich nicht allein da).

Wo fängt man an? Jede Frau hat ihre bevorzugte Stelle, an der sie sehr empfindsam und leicht erregbar ist. Erforschen Sie ihren Körper und entdecken Sie diesen Punkt. Gute Kandidaten sind ihre Ohren (vor allem die Läppchen), ihre Nase, der Nacken. Ich kenne Frauen, die zu zittern anfangen, wenn ich ihre Füße zärtlich massiere.

Probieren Sie ungewöhnliche Kombinationen aus. Statt sie einfach auf den Mund zu küssen, berühren Sie ihre Lippen mit dem Finger, oder massieren Sie ihre Finger einen nach dem anderen mit Ihrem Mund. Das gleiche gilt für die Zehen.

IHRE BRÜSTE

Manche Zonen sind empfindlicher als andere. Die Brüste zum Beispiel. Amerikanische Männer sind auf Brüste geradezu versessen. Im Grunde exerzieren sie einen Busenkult. Dennoch beklagen sich die Frauen häufig, weil die Männer überhaupt nicht wissen, wie man einen Busen behandelt.

»Gewöhnlich ist es eine richtige Stümperei«, sagte eine Frau. »Da haben sie nun den besten Knopf in der Hand, um eine Frau in Stimmung zu bringen, und was machen sie damit? Sie quetschen zu hart, beißen hinein, grapschen danach – alles, außer einem das Gefühl zu geben, man fühlt sich wohl. Sie sind zu grob.«

Es ist eine Kunst, die Brüste einer Frau zu liebkosen – eine sanfte Kunst. Sie müssen immer auf ihre Reaktionen achten, denn die Empfindsamkeit ihrer Brüste kann sich von Woche zu Woche verändern, da in ihrem Körper hormonale Veränderungen stattfinden. Zwischen Erregung und richtigem Schmerz liegt nur eine feine Grenze.

Beginnen Sie damit, ihren Busen zart zu berühren, indem sie leicht über die Brustwarzen streichen. Verändern Sie den Druck Ihrer Hände ständig, damit Sie sie nicht zu stark reizen. Jetzt müßten die Brustwarzen langsam steif werden. Nehmen Sie beide Brüste abwechselnd in die hohle Hand und drücken Sie ganz sanft zu. Bewegen Sie ihre Hände langsam, zärtlich kreisend. Die Reibung wird ihr sehr guttun, und ihre Warzen sind nun voll aufgerichtet.

Sie tasten sich stufenweise vorwärts, jede neue Berührung ist etwas stärker als die vorherige. Aber nie zu viel und zu schnell! Als nächstes nehmen Sie die Warzen zwischen die Lippen und lecken und saugen daran, flattern wie ein Schmetterling mit der Zunge. Gleichzeitig kneten Sie die Brüste mit wachsender Festigkeit weiter, aber nicht zu stark. Manche Frauen finden es schön, wenn man ganz zart in ihre Warzen beißt.

Es ist ein ganz besonderer Augenblick, wenn Sie Ihr Gesicht langsam dem Busen nähern. Kosten Sie ihn aus. Viele Frauen werden durch den Kontakt ihrer Brüste mit dem Mund eines Mannes herrlich stimuliert. »Für mich ist das einer der entscheidenden Augenblicke beim Liebesakt. Es ist schön, seinen Kopf zwischen den Brüsten zu spüren, den Atem auf den Warzen und sein Haar auf dem Körper zu fühlen. *Das* ist sexy.«

Der Schlüssel zur Erregung einer Frau ist die Sensitivität. Wenn Sie sie küssen, ausziehen, ihre Brüste liebkosen und sie erforschen, wird manche Frau dabei die Führung übernehmen. Andere lassen sich gern leiten. Wenn Sie es richtig machen, können beide im ›Spiel des Werbens‹ gewinnen. Und beide teilen sich den Preis – sie genießen die Liebe.

7.
Reden

Eine sehr attraktive Frau, die ich etwas länger kannte, sah mich quer über den Tisch eines teuren Restaurants, in dem wir saßen, an und flüsterte so laut, daß der Kellner sie mit Sicherheit hören konnte: »Clint Eastwood ist das letzte, was mir und meinem Liebesleben passieren konnte.« Sie war so wütend, daß ich fürchtete, sie würde im nächsten Moment zu ihrem Pudding greifen und ihn nach dem Kellner werfen – Gott sei Dank hatte der unsere Unterhaltung gehört und hielt auf Abstand.

»Jennifer«, sagte ich und versuchte, die Ruhe zu bewahren, während sämtliche Leute im Raum nach uns schauten. »Was ist los? Ist es Dennis?«

Dennis war der Mann, mit dem sie seit mehreren Monaten liiert war. Ich hatte die beiden damals einander vorgestellt und war froh, als es zwischen ihnen zu klappen schien. Beinahe hatte ich erwartet, daß sie von Heirat sprechen würde – nicht von Filmstars.

Jennifer begann mir von dem Schiffbruch zu erzählen, den Clint Eastwood in ihrem Sexualleben mit Dennis verursacht hatte. Offenbar hatte sich Dennis seine ›Schlafzimmermanieren‹ bei Clint-

Eastwood-Filmen abgeguckt – besonders bei den Filmen, in denen Eastwood die Rolle des starken, stummen – und sexbetonten Schlägertypen, Mörders, Cowboys, Sträflings usw. spielt.

Gegen den ›starken‹ Teil hatte Jennifer nichts, aber der ›stumme‹ Teil machte sie wahnsinnig. »Wir unterhielten uns den ganzen Abend miteinander«, sagte sie, »und plötzlich, sobald wir ins Bett gehen und langsam anfangen, hält er die Klappe. Und bis zum nächsten Morgen sagt er kein Wort mehr. Er findet das sexy, ich finde es krankhaft.«

Dieser (›stumme, starke‹) Liebhaber ist wohl das beste Beispiel dafür, wie wenige Männer sich in den Wunschvorstellungen von Frauen auskennen. Wie bei Don Juan und Casanova ist der stumme, starke Liebhaber eher das Produkt der eigenen männlichen sexuellen Unsicherheit als der weiblichen Fantasie. Es ist das, was die Männer für den Wunsch der Frauen *halten,* es hat nichts mit dem zu tun, was sie wirklich wollen.

»Es scheint, daß Männer ihre Zähne zusammenbeißen, wenn sie ins Bett gehen«, beklagte sich eine Universitätsassistentin. »Sie suchen besessen nach Sex und wollen auf Teufel komm raus ihren Orgasmus. Das macht ungefähr genausoviel Spaß, wie zusammen mit Captain Ahab nach Moby Dick zu jagen.«

Natürlich gibt es einige wenige Frauen, die ›unverzierten‹ Sex lieber mögen. Eine Frau sagte dazu ›animalische Liebe‹. Oft verwechseln sie Stummheit mit Leidenschaft und wollen Action, keine Worte. Doch für die meisten Frauen gehört das Reden – die verbale Kommunikation – als wesentlicher Teil zum schönen Geschlechtsverkehr.

Tatsächlich können Worte als stärkstes Aphrodisiakum wirken. Für die Entwicklung der Verführung und Erregung sind sie unverzichtbar. Sie können die physische Befriedigung vertiefen und die intime Wärme vor dem Verkehr, die Frauen sich ersehnen, fördern. Es ist erstaunlich, daß die verbale Kommunikation so vernachlässigt wird, bietet sie doch so viele Möglichkeiten und Abwechslung. Eine weitgereiste Frau sagte mir einmal: »Irische Männer können einen bis in den Höhepunkt hineinreden.«

Warum neigen amerikanische Männer – und nicht nur diese – zum Schweigen? Zum Teil liegt das am John Wayne/Gary Cooper/Clint Eastwood-Image, gegen das meine Freundin Jennifer sich so auflehnte. Doch hauptsächlich fühlen sie sich fürchterlich unsicher, wenn sie aufgefordert werden zu sprechen. Sie haben Angst, etwas Dummes zu sagen. Ich glaube, viele Männer halten sich an das alte Sprichwort in ihrem Hinterkopf: ›Lieber schweigen und für blöd gehalten werden, als den Mund aufmachen und alle Zweifel beseitigen.‹ Was auch immer die Gründe dafür sein mögen, die Männer blockieren ihre Liebesfähigkeit, indem sie verbale Ausdrücke von Liebe und Zärtlichkeit umgehen.

VOR DEM GESCHLECHTSVERKEHR

Für ›Liebesgespräche‹ ist das angemessenste Thema natürlich die Liebe. Wenn ihnen keine eigenen Worte einfallen oder Sie sich unsicher fühlen, machen Sie das, was Ihre Vorgänger während der Renaissance praktiziert haben: Entleihen Sie die richtigen Worte bei den Dichtern. Machen Sie aber kein großes Getue damit. Wenn Ihnen ein Gedicht gefällt, fragen Sie einfach, ob Sie es ihr vorlesen können. Bitten Sie sie, Ihnen ihr Lieblingsgedicht vorzulesen. Wenn Sie Spaß daran hat, machen Sie daraus eine regelmäßige Beschäftigung.

Eine meiner Freundinnen, die seit über fünfzehn Jahren mit demselben Mann glücklich verheiratet ist, hat es immer noch gern, wenn er ihr vor dem Schlafengehen etwas vorliest. Es müssen nicht unbedingt Gedichte sein. Manchmal liest er ihr jede Nacht ein kleines Stück aus einem Roman vor. Und manchmal wechseln sie sich dabei ab.

WÄHREND DES GESCHLECHTSVERKEHRS

Der wichtigste Ort für die Kommunikation – für das Ausdrücken von Gefühlen in ein oder zwei Worten – ist das Bett. Für viele Männer, die es gewöhnt sind, sich zwischen den Laken festzuklammern, ist dies eine große Überraschung, aber beinahe jede Frau hat mir erzählt, daß sie sich mehr

Kommunikation während des Geschlechtsverkehrs wünscht.

Das Gespräch während des Liebesakts bedeutet mehr als bloße Worte. Wenn Sie mit einer Frau sprechen, zeigen Sie ihr, daß Sie sie als Person interessiert. Sie ist nicht nur ein Mittel für Ihre sexuelle Befriedigung. Die Frauen möchten wissen, daß die Männer sich für ihre Gefühle interessieren, daß sie sich um ihre Reaktionen kümmern, und zwar während der ganzen Zeit, in der sie sich lieben. Wenn Sie eine Frau dazu ermutigen, diese Gefühle auszusprechen, wird ihr bewußt, wieviel Sie für sie empfinden. Sie sind nicht so sehr von sich und ihrer eigenen Befriedigung in Anspruch genommen, daß ihre Reaktionen darüber unwichtig würden.

Eine dreißigjährige, geschiedene Frau aus New York sagte: »Ein paar Worte zur rechten Zeit können die Welt bedeuten. Sie geben dem Sex eine zusätzliche Dimension – und beim Orgasmus fühle ich neue Wurzeln wachsen.«

Das Beste, worüber Sie sprechen können, ist sie, das was Sie an ihr mögen. Reden Sie nicht davon, was Sie gerade tun oder bald tun werden. Gespräch sollte kein Kommentar sein. Sagen Sie ihr, was für Sie schön ist, wie Sie es empfinden. Geben Sie ihr *freundlich* Anweisungen, wenn sie danach fragt. Ermutigen Sie sie ständig, aber fordern Sie nichts.

Wenn Sie nicht an Worte während des Geschlechtsverkehrs gewöhnt sind, nehmen Sie sich ein Beispiel an den Männern aus anderen Ländern.

Eine italienische Modedesignerin klärte mich auf: »Der größte Unterschied zwischen amerikanischen und italienischen Männern besteht darin, daß die Italiener im Bett viel mehr reden, viel, viel mehr. Für sie ist Sex ohne Worte überhaupt nichts. Normalerweise gebrauchen sie ganze Ketten von Komplimenten: ›*Sei stupenda.*‹ ›*Sei divina.*‹ ›*Amore mia, sei la piu bella donna del mondo.*‹« Bei Tageslicht betrachtet mögen diese Worte sehr übertrieben klingen, aber im sanften Dämmerlicht der nächtlichen Liebe stoßen sie auf willkommene Ohren. Eine italienische Frau weiß, daß diese Komplimente übertrieben sind, aber sie erwartet, sie zu hören und sie genießt sie.

Worte beim Liebesakt bewirken mehr als eine Steigerung der Zärtlichkeit. Sie machen den Akt reibungsloser – sie informieren den Partner, und das bereitet Genuß.

Manche Frauen werden durch ausgesprochene sexuelle Aufforderungen erregt. Andere fühlen sich dadurch gehemmt. Sie müssen eben das Terrain sondieren. Eine Bibliothekarin aus Phoenix, die mit ihrem wunderschönen Haar und der schlanken Figur überhaupt nicht dem Bild der Brillenschlange entsprach, sagte mir: »Wenn ein Mann mir nicht sagt, was ich für ihn tun soll, wie soll ich es denn wissen? Er kann doch nicht von mir erwarten, daß ich Gedanken lese. Schließlich ist sein Körper doch ganz anders als meiner. Und man will doch wissen, ob man ihm Spaß macht.«

In den meisten Fällen müssen Sie einer Frau sagen, was Ihnen gefällt, und sie dann ermutigen, es zu tun. Es gibt keinen Grund, sich nur auf das Seufzen und Stöhnen zu verlassen. Ein Stöhnen sagt Ihnen nicht, ob Sie jetzt schneller machen oder die Bewegung ändern sollen oder ob dasselbe nur ein wenig mehr links besser wäre.

»Frauen, die während des Liebemachens mit mir reden, haben auf mich eine sehr beruhigende Wirkung«, sagte mir ein Mann. »Eine Frau, die über ihre Genüsse spricht, ist wie ein Fluglotse im Kontrollturm, sie ›führt mich mit Worten zu einer weichen Landung‹. ›Ich mag das, was du gerade tust.‹ sagt sie, oder ›Mach weiter!‹ oder ›Küß mich hier!‹« Auch die Frauen mögen diese Art der offenen Kommunikation während des Geschlechtsaktes, genauso gern wie die Männer.

Und wie verhält es sich mit ›schmutzigen‹ Ausdrücken? Manchen Frauen sind sie verhaßt, aber andere mögen sie ganz gerne. Unter Umständen kann es passieren, daß die damenhaftesten Frauen durch solche Worte stark erregt werden: »Saug an meinem Schwanz«, »Gib's mir«, »Ich will dich ficken.«

Es gibt aber auch eine Art von Reden, die schlimmer ist, als gar nichts zu sagen. »Ich mag um Himmels willen keine Klatschbase im Bett«, sagte eine Frau. »Jemand, der vom ersten Knopf an, der geöffnet wird, bis zum letzten, der wieder zugeknöpft wird, quatscht und quatscht und quatscht ...«

Und eine andere Frau erzählte mir folgende Geschichte: »Ich bin einmal mit einem Zeitungsreporter ins Bett gegangen – es war eine Katastrophe. Kaum waren wir im Bett, fing er an, eine fortlaufende Reportage herunterzuleiern. Ungefähr so: ›Ich werde jetzt dieses tun, und du wirst jenes mit mir machen. Ich fühle mich so, also mußt du dich so fühlen. Nun werden wir dieses machen.‹ Ich hatte den Eindruck, ich hörte einer simultanen Radioübertragung zu. Er konnte nicht ein Bild unangetastet lassen, wissen Sie, ich meine, das Visuelle spricht doch für sich selbst.«

Und eine Frau aus Los Angeles berichtete dasselbe. »Wenn ich einen solchen Kommentar haben wollte, würde ich vorher ein Programm bestellen – oder ich würde mit einem Sprecher von den Sechs-Uhr-Nachrichten schlafen.«

NACH DEM GESCHLECHTSVERKEHR

An diesem Punkt gehen die Bedürfnisse von Mann und Frau deprimierend weit auseinander. Für viele Frauen ist der Augenblick nach dem Orgasmus der wichtigste und schwierigste Teil des Liebesakts. »Es ist schon komisch«, sagte mir eine Frau. »Ich bin mir nie sicher, ob ich es auch wirklich schön gefunden habe, bis nicht fünf oder zehn Minuten nach dem Orgasmus verstrichen sind. Dieser Zeitraum macht für mich den Unterschied aus. Er kann den Sex zu etwas Herrlichem machen, oder ihn furchtbar dumpf werden lassen.«

Das *Schlimmste,* was ein Mann hinterher tun kann, ist, sich auf die andere Seite zu drehen und ohne ein Wort einzuschlafen. In diesem Moment können ein Gespräch oder nur ein paar Worte die Freude einer Frau und ihr Liebesempfinden *entscheidend* beeinflussen. Es kommt nicht so sehr darauf an, was Sie sagen, denn die meisten Frauen erwarten jetzt kein besonderes Kompliment. (Wenn Ihnen eines einfällt, teilen Sie es ihr auf jeden Fall mit.) Für eine Frau sind die wesentlichsten Elemente in den paar Minuten nach dem Geschlechtsverkehr Anerkennung, Wärme, Intimität und Liebe. Sie möchte erfahren, daß das, was soeben passiert ist, für Sie wichtig ist.

Wenn Sie sich müde fühlen, reicht eine kleine Zärtlichkeit, um ihr zu sagen »Ich bin hier«. Wenn Sie hellwach sind, nutzen Sie den Moment aus, denn die Intimität des Geschlechtsaktes öffnet die Türen zur emotionalen Nähe. Sie öffnen sich füreinander und schenken sich gegenseitiges Vertrauen. Sprechen Sie von Ihren Kindheitserinnerungen, erzählen Sie Erlebnisse aus der Vergangenheit, berichten Sie von Problemen, oder erzählen Sie ihr einen Witz – was immer Ihnen in den Sinn kommt. Nach dem Sex existiert ein breiter Strom von Bewußtsein und Gefühl füreinander.

Das einzige, worüber Sie direkt nach dem Verkehr nicht sprechen sollten, sind sexuelle Probleme. Warten Sie damit, bis sich ein Zeitpunkt außerhalb des sexuellen Kontaktes findet – im Laufe des Tages, beim Mittagessen, wenn Sie zum Kino fahren – zu jeder Zeit, wenn das Thema Sex nicht so akut im Raum steht. »Eine Sache, die ich ganz besonders hasse, ist die sofortige Analyse des Geschehens nach dem Sex«, sagte eine Frau aus New Haven. »Ich bin eine Zeitlang mit einem Mann gegangen, der nach dem Geschlechtsakt regelmäßig ein post mortem dazu abgab. Er hat das sogar ›post mortems‹ genannt. Er sagte zu mir: ›Laß uns ein post mortem darüber machen.‹ Und dann hörte er nicht auf, darüber zu reden, was wir richtig und was wir falsch gemacht hätten, bis ich einfach aus dem Zimmer ging. Ich bin fast verrückt geworden.«

»Reden ist nicht gleich Reden«, erklärte mir eine Frau während eines Interviews. Sie war der vollendete Traum eines Mannes, früher Fotomodell, heute leitende Position in einer Werbeagentur. Als wir auf das Reden während des Liebesakts zu sprechen kamen, wurde ihre Ausdrucksweise richtig pathetisch. »Das Reden ist *Schmieröl*. Es macht fast alles glatt und gleitfähig – Verführung, Stimulation, Vorspiel, sogar die Fantasie. Unterhaltung bedeutet, einen Mann leichter lieben zu können, und das Reden von Liebe bedeutet einen besseren Geschlechtsverkehr. Ich glaube, ohne miteinander zu reden könnte ich überhaupt nichts tun. Ich könnte auf das Gefühl, das ich bekomme, wenn ein Mann mir etwas Intimes sagt, nicht verzichten.«

8.
Technik

Wissen Sie, was einen Mann wirklich von einem Jungen unterscheidet? Das Bett. Ein Junge springt direkt ins Bett und macht sich gleich an die Arbeit, um irgend etwas zu beweisen. Er will zeigen, daß er ihn hochkriegen und halten kann, all das unreife Zeug, das er im *Playboy* liest oder in den Pornofilmen aufgeschnappt hat. Ein Mann reagiert anders. Er versucht nicht, etwas zu beweisen. Alles geschieht ganz natürlich.

Eine Zeitungsverlegerin

Also vergessen Sie Ihr Theaterspiel. Vergessen Sie das Playboy-Bild vom Casanova, dem Frauenhelden, das die Werbung nur aufrecht erhält, um Ihnen alles mögliche, von maßgeschneiderten Jeans bis zur Deodorantseife, zu verkaufen. Wenn Sie mit einer Frau, die Sie wirklich mögen, im Bett liegen, wirkt diese Vorstellung nur störend, und Sie haben bei ihr weniger Glück.

Frauen spüren sofort, ob Sie versuchen, Ihre eigenen Bedürfnisse zu befriedigen oder ob Sie sich um *sie* kümmern. »Ich sage es Ihnen ehrlich, ich hasse es, mit einem Mann ins Bett zu gehen, der sich für einen Weiberhelden hält. Man hat den Eindruck, er macht alles wie vor einem Spiegel. Dabei will er nur sich selbst gefallen, nicht mir. Akrobatik, sportliches Ficken, all der Quatsch – reine Angabe.« Soweit ein Fotomodell aus New York.

Ein solches Theater nimmt nicht nur der Frau jegliche Lust, es wird höchstwahrscheinlich auch *Ihnen* Schwierigkeiten machen. Wenn Sie mit dem Gedanken ins Bett gehen, Sie müßten einem unsichtbaren Publikum Ihre Fähigkeiten vorführen, werden Sie leicht überfordert. Ihre Partnerin hat das Gefühl, sie spielt in dem Stück nur eine Nebenrolle, und Sie selbst fühlen sich, als agierten Sie in der Premiere auf dem Broadway und im Publikum sitzen lauter Kritiker. Eine Vorstellung, die viele Männer für Tage impotent machen kann.

Es geht nicht nur darum, daß Sie im Bett etwas zu beweisen versuchen. Die Frauen fühlen sich von dem Image abgestoßen, das Sie damit erreichen wollen. Die meisten Frauen wollen keinen ›schnellen, häufigen, furiosen‹ Sex. Eher das Gegenteil. Der Liebesakt sollte langsam, einfühlsam vor sich gehen und etwas Besonderes sein. »Guter Sex kommt zustande, wenn alles zusammenwirkt«, sagte eine Frau, »die gegenseitige Anziehung, Interesse füreinander, Berührung, das Miteinanderteilen. Wenn das alles da ist – toll!«

Sex – guter Sex – ist ein vollkommener Akt. Eine vollständige Persönlichkeit begegnet einer vollständigen Persönlichkeit und beide knüpfen zwischen sich ein starkes Band. Sex ist gegenseitige Achtung, Zärtlichkeit, Lust, Kommunikation, Autorität und Selbstvertrauen. Sie sollten sich nie mit rein körperlicher Befriedigung zufrieden geben. Frauen tun das selten. Sex muß mehr gegenseitige Verbundenheit beinhalten als nur den Körperkontakt, ob es sich jetzt nur um eine Nacht oder um das ganze Leben handelt. Sie können nur wirklich mit einer Frau Liebe machen, wenn Sie beide sich ganz aufeinander einstellen.

Sex ist – wenigstens teilweise – eine Geschicklichkeit. (*Kunst* ist vielleicht noch ein besserer Ausdruck dafür.) Die erforderlichen Techniken zu beherrschen und zu benutzen, ist eine große Hilfe. Egal, wie sehr sie sich zu einer Frau hingezogen fühlen, Ungeschicklichkeit kann beim Liebesakt sehr hinderlich sein. Auf den folgenden Seiten habe ich einige der Techniken aufgeschrieben, die Frauen während der Interviews immer wieder erwähnten.

MASTURBATION UND ORALER GESCHLECHTSVERKEHR

Eine Rechtsanwältin aus San Francisco sagte zu mir: »Ich mag Geschlechtsverkehr. Aber ich finde es viel schöner, wenn er mich mit dem Finger oder der Zunge streichelt. Es ist in vieler Beziehung sehr angenehm. Ich kann mich dabei entspannen, es gibt mir psychische Sicherheit, meine Vagina wird leichter feucht, und er kann sich vor allem besser auf die wesentlichen Stellen konzentrieren – besonders auf die Klitoris. So viele Männer glauben, daß es für Frauen nur darauf ankommt, wie lange er beim Verkehr seine Erektion aufrecht erhalten kann. Wenn ein Mann weiß, wie er seine Finger und Zunge richtig gebrauchen kann, bin ich fast bereit, auf den Verkehr gänzlich zu verzichten.«

In unserer Kultur wird auf das Eindringen des Penis sehr viel Wert gelegt, und so wissen die meisten Männer überhaupt nicht, daß die Penetration *nicht* die beste Methode ist, einer Frau einen Orgasmus zu schenken. Bei den meisten Frauen ist die Stimulation der Klitoris erforderlich, um einen Orgasmus zu erlangen, und der Penis in der Scheide – egal, in welcher Position – hat nicht viele Möglichkeiten, die Klitoris zu erregen. Dafür sind die Finger und die Zunge besser geeignete Werkzeuge. Man kann sie präziser bewegen und leichter kontrollieren.

Die Statistiken unterstützen diese These. Nach einer jüngeren Untersuchung zweier Ärztinnen an einer Klinik in Michigan, Dana Wilcox und Ruth Hager, können nur 41,5 Prozent der Frauen einen Orgasmus allein durch die Penetration des Penis erleben. *Der Hite-Report über weibliche Sexualität,* eine Studie, die Shere Hite 1976 in ganz Amerika zusammengestellt hat, ist in dieser Hinsicht noch pessimistischer. Shere Hite berichtet, daß nur dreißig Prozent der Frauen allein durch die Penetration einen Orgasmus erreichen können. Weiterhin sagt sie, daß der beim Genitalverkehr erreichte Orgasmus ›leichter‹, ›weniger pulsierend‹ und ›sanfter‹ sei als ein Orgasmus, der durch Masturbation, oralen Verkehr oder eine andere nicht-koitale Methode erlangt wird.

GEGENSEITIGE MASTURBATION

Viele Menschen glauben, Masturbation praktiziert man nur an sich selbst. Dabei ist sie ein äußerst wirkungsvolles Mittel, auch den sexuellen Partner zu befriedigen. Fangen Sie an, indem Sie den ganzen Körper Ihrer Partnerin berühren – ihren Busen, die Brustwarzen, den Magen, den Bauchnabel, die Beckenknochen, die inneren Schenkel – alles. Erst wenn ihr Körper sich entspannt, arbeiten Sie sich langsam in die Vaginalregion vor. Die empfindsamste Stelle der Vagina ist natürlich die Klitoris. Gerade aus diesem Grund sollten Sie sie nicht als erstes berühren. Streichen Sie vorher über die inneren Schamlippen zu beiden Seiten der Klitoris. Sie können auch versuchen, sie mit sanften Bewegungen zu umkreisen. Oder stimulieren Sie sie indirekt, indem Sie mit ihrem Finger genau an den Schamlippen direkt unter der Klitoris entlangfahren, so daß es sich anfühlt, als spielten Sie mit ihr selbst. Diese Handlungen befeuchten die Klitoris und bereiten sie auf eine direkte Stimulation vor.

Es gibt um die Klitoris herum keine Drüsen, die sie direkt befeuchten. Der sexuelle Ausfluß muß sie von der Vagina her erreichen. Wenn also die natürliche Flüssigkeit nicht ausreicht, benutzen Sie Ihren Speichel. Viele Frauen werden dadurch erregt, daß Sie mit dem Finger Speichel nehmen und an ihre Klitoris drücken. Sie können auch eine unparfümierte Lotion oder Salbe nehmen. Parfümierte Lotionen können weh tun, denn das Gewebe ist dort sehr empfindsam. Vaselinsalbe läßt sich hinterher schwer abwischen, aber sie hält länger als andere Mittel.

ORALER GESCHLECHTSVERKEHR

Wenn es etwas gibt, das die Frauen im Bett öfter praktizieren wollen, so ist es oraler Sex. Es mag Ihnen zwar nicht bekannt sein, aber oraler Geschlechtsverkehr ist in Amerika weit verbreitet – und die Frauen haben daran genauso häufig Anteil wie die Männer. 1975 fand eine *Rotbuch*umfrage heraus, daß von zehn Frauen unter Vierzig neun oralen Sex ausüben, und bei Frauen über Vierzig und älter sind es acht von zehn. Außerdem weicht die Zahl der Frauen, die Fellatio praktizieren, nur gering von der Anzahl der Männer ab, die Frauen mit der Zunge befriedigen. Einundneunzig Prozent aller Frauen zwischen zwanzig und neununddreißig haben sowohl aktiv als auch passiv an oralem Geschlechtsverkehr teilgenommen.

»Bei oralem Geschlechtsverkehr habe ich immer

die schönsten Orgasmen«, erzählte mir ein befreundetes Fotomodell. »Die Empfindungen sind viel schärfer, viel kontrollierter. Er gibt mir das Gefühl, daß mein Liebhaber mich nicht einfach aufs Kreuz legen will, sondern daß er wirklich mit mir intim sein möchte.« Ich habe erfahren, daß sich fast alle Frauen von einem Mann oralen Verkehr wünschen und erwarten, daß er sie auf die Scheide küßt – auch wenn sie nicht als Gegenleistung anbieten, ihn mit dem Mund zu befriedigen.

Das Problem ist nur, daß die meisten Männer nicht wissen, wie man es macht. Mehr als die Hälfte der von mir befragten Männer, auch jene, die sexuell äußerst aktiv waren, gestanden, daß sie sich dabei unwohl fühlten. Einer nannte es ein ›undankbares Geschäft – so, als würde man eine Artischocke essen‹.

Aber auch Männer, die sich in der Technik auskennen, führen sie oftmals aus falschen Gründen aus. »Klar, ich mach das gern für ein Mädchen«, sagte ein Bauarbeiter aus Columbus. »Ich mach's für sie, und dann macht sie's für mich!« Wenn Sie so über oralen Geschlechtsverkehr denken, sollten Sie Ihre Einstellung noch einmal überprüfen.

Sie wird es unweigerlich merken, wenn Sie oralen Sex nur an ihr ausüben, um eine Gegenleistung zu provozieren. Sie kann dadurch zwar körperlich befriedigt werden, schließlich werden die Nervenenden ohne Rücksicht auf Ihre Motivation gereizt, aber Sie werden sie niemals *emotional* zufriedenstellen. Um das zu erreichen, müssen Sie sich ganz einsetzen – körperlich und emotional. Sie muß spüren, daß Sie es mögen, daß es Sie erregt, daß es sich nicht um Schulden handelt, die sie hinterher bezahlen soll.

Warum zögern so viele Männer bei dem Gedanken an oralen Geschlechtsverkehr? Warum finden sie ihn so geschmacklos? »Die Leute sprechen immer davon, wie wenig Frauen dazu bereit seien, Männer mit dem Mund zu befriedigen«, sagte ein Freund zu mir. »Dabei glaube ich, ist es eigentlich umgekehrt: Die Männer haben Schwierigkeiten mit dem oralen Sex, und sie wissen überhaupt nicht, was sie dabei tun sollen.«

Grundsätzlich haben die Männer Angst davor, daß die Vaginalflüssigkeit unangenehm schmekken oder riechen könnte. Es ist tatsächlich so, daß der Ausfluß mancher Frauen schärfer schmeckt als bei anderen, genauso, wie die Ejakulation mancher Männer bitterer oder saurer schmeckt als bei anderen. »Der Geschmack einer Frau, ihr Geruch, kann sehr erregend wirken«, sagte ein Freund aus Chicago, »aber wenn beides ein wenig zu streng ist, kann es einen ebenso stark abstoßen. Es kommt immer darauf an.«

Gerüche sind für Männer wie für Frauen ein psychologisches Problem. Ein junger Mann aus New York sagte: »Ich glaube, die Frauen fühlen sich beim oralen Sex verunsichert, besonders, wenn ein Mann ihre Scheide küssen will. Irgendwie haben sie das Gefühl, es sei schmutzig, oder es sei nicht wirklich schön für ihn, auch wenn er das weibliche Geschlechtsteil für den größten Erregungsfaktor der Welt hält.«

Viele Frauen setzen oralen Sex an einem Mann nicht mir oralem Sex an einer Frau gleich. Für sie ist es nicht dasselbe. Sie haben das Gefühl, es sei nicht fair, einen Mann um das zu bitten, was sie mit der Zunge für ihn getan haben. Die Männer wiederum glauben, daß die Frauen sich deswegen unwohl fühlen. Sie warten darauf, daß man sie danach fragt. Doch die Frauen fragen nicht – vielleicht, weil sie diesen besonderen Teil des Verkehrs nicht von sich aus in Gang setzen wollen und weil sie zum Teil denken, daß die Männer den oralen Verkehr verabscheuen. Deshalb ist es Aufgabe des Mannes, ihr zu versichern, daß er sie wirklich mit dem Mund berühren *will*, daß er es genauso um seiner selbst willen wie ihr zuliebe macht.

Wenn Sie bisher noch nie oralen Sex genossen haben, dann haben Sie eine große Freude am Sex überhaupt verpaßt. Sollten Sie sich gehemmt fühlen, gehen Sie die Sache langsam an. Sie können sicher sein, daß sie sauber ist, wenn Sie ein gemeinsames Bad vorschlagen, bevor Sie ins Bett gehen. Danach machen Sie einen Schritt nach dem anderen. Eins ist wichtig, fangen Sie nicht damit an, wenn Sie gerade eine neue Partnerin haben. Es geht viel leichter, wenn Sie es das erste Mal zusammen mit jemandem versuchen, bei dem Sie sich wohl fühlen und der vor allem froh darüber ist, wenn Sie oralen Sex an ihm praktizieren. »Der

Cunnilingus ist heute an dem Punkt, an dem der Kuß im letzten Jahrhundert war«, sagt ein Harvardprofessor, der sich mit der modernen Sexualmoral beschäftigt. »Eine Frau widersteht ihm so lange, bis sie den richtigen Partner gefunden hat.«

Für einen Mann ist es nicht leicht, den oralen Sex gut auszuführen. Er versucht, einer Frau an der Stelle des weiblichen Körpers Freude zu bereiten, die er kaum kennt. (Ein Vergleich zwischen Klitoris und Penis hält nicht stand.) »Das da unten ist jungfräuliches Gebiet«, sagte mir ein Mann mit reichlicher sexueller Erfahrung. »Egal, wie oft man es schon getan hat, es ist immer neu. Jede Frau ist anders gebaut und reagiert anders. Wenn man immer dasselbe macht, geht die eine Frau dabei die Wände hoch, die nächste fühlt sich unwohl, und die dritte schläft dabei einfach ein.«

Weil Sie nicht im voraus wissen können, was ihr gefällt und was sie stört, müssen Sie besonders aufmerksam auf ihre Reaktionen achten. Fangen Sie sanft an, und suchen Sie nach ihrer positiven Antwort. Wenn es ihr gefällt, werden Sie nicht darauf warten müssen. Ihr Atem wird schneller, und ihr Körper wird sich stärker an Sie pressen, um Sie zu ermutigen, weiterzumachen. Wenn sie erregt ist, werden ihre Bewegungen schneller, sie fängt an zu stoßen. Achten Sie darauf, daß Sie nicht zu weit gehen und nicht zuviel Druck ausüben. Richten Sie die Bewegung Ihrer Zunge nach dem Rhythmus ihrer Stöße.

»Oraler Sex ist wie Geschlechtsverkehr«, sagte

eine Frau, die eine Werbeagentur in New York besitzt. »Man will die Körper harmonisieren, die Bewegungen in Einklang bringen, um das Gefühl zu intensivieren, daß beide Körper eine Einheit sind.«

Von der Fellatio können Sie einiges lernen. Als erstes – seien Sie sanft. Zähne tun ihr genauso weh wie Ihnen – vielleicht sogar mehr. Zweitens, verändern Sie Ihre Bewegungen. Küssen Sie warmherzig, saugen Sie weich, und gebrauchen Sie Ihre Zunge einfallsreich – lecken, stoßen, reiben Sie.

Fangen Sie mit zarten Küssen an den Innenseiten ihrer Schenkel an und bewegen Sie sich langsam, aber zielbewußt auf den Vaginalbereich zu. Wenn die Klitoris auch Ihr Hauptziel ist, konzentrieren Sie sich nicht gleich darauf. Zu Anfang kann die Berührung irritieren, ja sogar schmerzhaft sein. Küssen Sie den gesamten Vaginalbereich und achten Sie dabei besonders auf die Schamlippen.

Erst wenn die Vagina naß ist, sollten Sie sich der Klitoris nähern. Aber widmen Sie dem Schaft, in den sie eingebettet ist, genausoviel Aufmerksamkeit, wie ihr selbst. Wenn die Klitoris immer noch empfindlich ist, hilft diese indirekte Annäherung Ihnen, Schmerzen zu vermeiden, dort wo Sie eigentlich Freude spenden wollen. Die Reibung Ihrer Zunge gibt manchen Frauen schon lange, bevor der Penis in Aktion tritt, einen Orgasmus. Und viele Frauen sagen, daß dieser Orgasmus intensiver sei.

Wenn Sie sich wünschen, oralen Sex auszuprobieren, sich aber dabei nervös fühlen, suchen Sie sich die richtige Partnerin, wählen Sie die richtige Nacht, und probieren Sie dann diesen Trick: Netzen Sie Ihre Finger an ihrem vaginalen Sekret, bestreichen Sie damit Ihre eigenen Lippen und die Ihrer Partnerin, und küssen Sie sie dann. Allein diese Handlung – die Kombination von Geruch und Geschmack – wird Sie leichter zur Quelle hinziehen.

Die Zunge spielt beim oralen Sex zwar die Hauptrolle, das ist aber kein Grund, nicht auch die Hände zu gebrauchen. Sie können ruhig ihre Schenkel streicheln, während sie die Klitoris küssen, oder die Klitoris berühren, während Sie ihre Schenkel lecken. Eine Frau hat mir gestanden, daß sie beinahe ins Delirium fällt, wenn ihr Liebhaber zwei Finger in ihre Scheide einführt, die Nässe über ihre Klitoris streicht und die Klitoris dann mit der Zunge erregt, während er beide Finger wieder in die Vagina einführt.

STELLUNGEN

Es wird höchste Zeit, daß wieder einmal jemand etwas zur Verteidigung der ›Missionarsstellung‹ sagt. Viel zu lange hat man sie als einfallslos, langweilig, altmodisch – ja, sogar sexistisch – verschmäht. Ich glaube aber, daß diese Stellung die klassische Möglichkeit geblieben ist, denn sie bietet immer noch Männern wie Frauen den höchsten Grad der Befriedigung.

Das Wort ›Missionarsstellung‹ war ursprünglich ein Ausdruck des Spottes. Die polynesischen Eingeborenen, die normalerweise in hockender Stellung Liebe machten, bezeichneten damit einen Sachverhalt, den sie höchst amüsant fanden, das Liebesverhalten der westlichen Missionare. Dr. Merle Kroop, Ärztin am New Yorker Hospital-Cornell Medical Center, sagt dazu: »Diese Stellung hat eine schlechte Reputation, weil man sie allgemein für gesetzt, langweilig und konventionell hält. In Wirklichkeit ist sie sehr gut und bietet eine Menge Flexibilität. Es gibt Frauen und Männer, die in keiner anderen Position einen Orgasmus erreichen können.«

Diese Stellung *hat* gewisse Nachteile. Wenn ein Paar sich nur darauf festlegt, hat es nie die Möglichkeit, abwechselnde Initiativen während des Liebesaktes zu ergreifen. Wenn die Frau sehr schmal, der Mann aber sehr groß ist, kann für sie diese Stellung sehr unkomfortabel sein. Und natürlich gewährleistet diese Position nur eine sehr begrenzte Klitorisstimulation.

Doch trotz dieser Nachteile hat die Missionarsstellung vieles, das für sie spricht. Viele Männer ziehen einen Orgasmus in dieser Stellung vor, weil sie so die beste Kontrolle über die Tiefe und Häufigkeit ihrer Stöße haben. Sollte ein Paar sich ein Kind wünschen, ist diese Lage für die Empfängnis besonders förderlich. Ärzte empfehlen sie, weil sie den größten Kontakt zwischen Samen und Muttermund ermöglicht. Weil die Missionarsstellung in der Tradition die bevorzugte Position ist und weil sie die akzeptierten sexuellen Rollen bestätigt, hat sie psychologisch eine Wirkung, die Sicherheit gibt. Dr. Kroop fügt hinzu, daß diese Position ›sehr intim‹ sei. »Man hat sehr viel Kontakt von Gesicht zu Gesicht und von Körper zu Körper. Es ist eine der wenigen Stellungen, in denen die Paare sich wirklich umarmen, küssen und miteinander reden können und dabei ständig den Körper des anderen spüren.«

Außerdem erlaubt die Stellung einen hohen Grad der Penetration, den die Frau regulieren kann, indem sie die Beine anhebt oder sinken läßt. »Es gibt eine sehr angenehme Art des Eindringens, wenn die Beine der Frau ausgestreckt sind, auch wenn sie noch nicht erregt ist und die Vagina sich noch nicht so stark geöffnet hat. Wenn sie immer erregter wird, dehnt die Vagina sich aus, die Frau hebt die Knie an, damit der Penis tiefer eindringt. Sie können die Erregung des Bauchfells steigern, indem Sie ein Kissen unter die Hüften der Frau legen, aber das geht leider auf Kosten der Klitorisstimulierung.

DIE FRAU LIEGT AUF DEM BAUCH

Verwechseln Sie das bitte nicht mit analem Geschlechtsverkehr. Die Frau liegt auf ihrem Bauch, und Sie dringen von hinten in ihre Vagina ein. Manche Frauen sind auf diese Position ganz wild, aber andere mögen sie nicht, weil sie dann Ihr Gesicht nicht sehen können. Die visuelle Intimität geht dadurch verloren. Außerdem sind ihre Möglichkeiten, Sie zu streicheln, hierbei sehr begrenzt.

Aber viele Frauen finden den Genuß gerade dieser Stellung unwiderstehlich. Sie ermöglicht Ihnen, mit dem Streicheln des Rückens zu beginnen. Aber noch wichtiger ist, daß Sie tiefer und fester in sie eindringen können als bei der Missionarsstellung. Ihre Hände können während des Geschlechtsverkehrs die Klitoris stimulieren. Die Kombination von vigorosen Beckenstößen und zarten Fingerberührungen kann eine Frau in die Ekstase von vielen, wiederholten Orgasmen versetzen. Bei einem solchen Liebesakt kompensiert die Fähigkeit, jemandem diese Art von Freude zu bereiten, alles, was Sie vermissen könnten, weil die Frau dabei keine Gegenleistung erbringen kann.

DIE FRAU AUF DEM MANN

Viele Männer und Frauen üben die Position, bei der die Frau oben liegt, nicht aus, weil sie als ›unmännlich‹ gilt. In diesem Fall zeigen sie damit nicht nur ihre Ignoranz, sondern sie berauben sich auch selbst einer Möglichkeit, die ein Schlüssel zum lustvollen und abwechslungsreichen Liebesakt ist.

Als erstes möchte ich mit all den Vorurteilen aufräumen, die sich um diese Position ranken. Die Sexualität eines Mannes hängt nicht von einer so despotischen Frage ab (oder sollte zumindest nicht davon abhängen), wie wer auf wem liegt. »Einige Männer sind sehr verwirrt, wenn ich mich auf sie lege«, sagte eine Stewardeß aus New York. »Sie glauben, es macht sie weniger maskulin, oder so was ähnliches. Von all den idiotischen hirnrissigen Ideen, die Männer in bezug auf Sex geäußert haben, ist das bei weitem die dümmste.«

Tatsächlich ist diese Stellung für jeden Mann, der einer Frau wirklich Genuß bereiten möchte, ein wesentlicher Teil des Liebesakts. Sie erlaubt der Frau, den Rhythmus der Bewegungen zu bestimmen, was oftmals den eigentlichen Unterschied für sie ausmacht. Auch öffnet sich dadurch die Vagina weiter und erlaubt eine tiefere Penetration. Sie haben die Hände frei, um ihren Körper, vor allem die Brüste, zu streicheln. Die Frau kann also, weil sie sich obenauf befindet, die Tiefe, Stärke und Häufigkeit der Penetration regulieren. Das ist für sie nicht nur sehr aufregend, es gibt ihr auch Sicherheit, denn sie erhält dadurch die Kontrolle.

Dr. Debora Phillips sieht noch einen weiteren Vorteil in dieser Stellung. Sie steigert die Stimulation der Klitoris und erlaubt gleichzeitig deren manuelle Erregung. Wenn der Mann wesentlich schwerer ist als die Frau, ist diese Position für beide befriedigender. Der größte Vorteil ist allerdings ein psychologischer. Der Mann wird von einem Großteil seiner Verantwortlichkeit befreit. Er kann sich zurücklegen und den Akt einfach genießen. Manche Frauen klagen darüber, daß sie sich bei der Obenaufstellung unwohl fühlen, weil ihr gesamter Körper dabei exponiert ist. Diese anfängliche Verlegenheit können Sie ihr nehmen, indem Sie einfach die Augen schließen.

Wenn eine Frau sich gegen diese Stellung sträubt, sagen Sie ihr, daß sich heute mindestens fünfundsiebzig Prozent aller Amerikaner ab und zu dafür entscheiden. Eine jüngere Studie der Sexualtherapeutin Sandra Kahn aus Chicago berichtet, daß die Mehrheit *sowohl* der Männer *als auch* der Frauen die Obenaufstellung sexuell erregender fänden als die Missionarsstellung. Sie stellte fest, daß dies der Wahrheit entsprach, obwohl die meisten der befragten Personen glaubten, sich damit in der Minderheit zu befinden.

DIE FRAU SITZT MIT GESPREIZTEN BEINEN AUF DEM MANN

Diese Stellung ist eine Abwandlung der oben beschriebenen Position. Anstatt zu liegen, *sitzt* – oder *kniet* – die Frau, die gespreizten Beine jeweils zu beiden Hüftseiten des Mannes. Wieder ist der größte Vorteil für *sie*, daß sie Tiefe und Grad seiner Penetration kontrollieren kann – sogar noch besser als bei der Obenaufstellung.

Aber auch für den Mann ist diese Lage sehr angenehm. Da sie beiden erlaubt, sich während des Verkehrs ständig anzusehen und ihre Körper zu betrachten, halten viele Frauen sie für die visuell erotischste Stellung. Dieselbe Stewardeß sagte: »So dazusitzen und ihn unter mir ausgestreckt zu sehen, seine Brust zu reiben oder ihm übers Haar zu streichen, meine Brüste über sein Gesicht streifen lassen und ihn die ganze Zeit in mir zu fühlen – ich sage Ihnen, das ist der schönste Sex, den ich je kennengelernt habe.«

Wenn Sie häufig mit ein und derselben Frau Liebe machen, werden Sie beide bald Ihre eigenen Lieblingsstellungen entwickeln. Ihre Wahl wird von der persönlichen Eigenart der Anatomie des weiblichen Körpers – und Ihres eigenen – abhängen. Je näher ihre Klitoris sich an der Vagina befindet, desto mehr Stellungen können Sie ausüben – je weiter sie entfernt liegt, desto begrenzter sind Sie in Ihrer Auswahl. Die ideale Position ist immer diejenige, die Ihrem Penis erlaubt, bequem in ihre Vagina zu schlüpfen, und die gleichzeitig die maximale Stimulation der Klitoris gewährleistet.

Ein junger Theaterschriftsteller aus New York sagte: »Der Körper eines Mannes paßt zu jedem Frauenkörper auf unterschiedliche Weise. Vor ein paar Jahren hatte ich eine Freundin, mit der ich in einer Art Reitsattelposition schlief. Sie legte ihre Beine um mich, und ich berührte ihre Klitoris, während ich in ihr war. Es war toll. Auf diese Art paßten wir am besten zusammen. Mit einer anderen Frau habe ich nie wieder dasselbe empfunden. Nachdem man schon einige Male mit einer Frau geschlafen hat, findet man bestimmt verschiedene Positionen, man muß nur ein bißchen herumprobieren.«

Anders gesagt – die ideale Position ist nicht unbedingt die Stellung, die Ihnen am besten gefällt. Sie muß *ihr* ebenfalls Freude machen. Wirkliche Befriedigung liegt nur in einem Geschlechtsverkehr, der *gegenseitige* Erfüllung beinhaltet. Sonst ist Sex in jeder Position nichts anderes als Sex.

DAS NACHSPIEL

So wie das Vorspiel gehört auch das Nachspiel unvermeidlich zum Liebesakt. Die Frauen halten beides für gleich wichtig.

»Die meisten Männer sind ganz gut beim Vorspiel«, sagte eine Rechtsanwältin aus Cansas City. »Sie haben inzwischen gelernt, daß sie nicht einfach gleich rein in die Kartoffeln springen sollen. Aber sie können nur mit größter Mühe begreifen, daß sie auch nicht gleich wieder *raushüpfen* sollen. Sie sollen sich noch ein bißchen um uns kümmern, wenn alles vorbei ist. Es gibt nichts, was mich wütender macht – oder mehr verletzt – als ein Mann, der in der Sekunde, in der er sich zurückzieht, todmüde umfällt.«

Auf das herrliche Gefühl der Entspannung, das der Orgasmus mit sich bringt, folgt bei vielen Menschen ein Gefühl von Einsamkeit und Isolation. Bei Männern wirkt es sich so aus, daß sie sich zu erschöpft fühlen, um sich darauf einzulassen, und den Wunsch nach tiefem Schlaf verspüren. Die Frauen dagegen fühlen sich in diesem Moment hellwach.

Sie haben ein großes Bedürfnis nach Bestätigung. Sie erwarten von Ihnen, daß Sie jetzt mit Worten und Gesten dieselben Gefühle von Lust und Teilhabe ausdrücken, die Sie während des Liebesaktes gezeigt haben. Auch wenn Sie sich von der anstrengenden Aufgabe, den Orgasmus aufzubauen und der völligen Entspannung wirklich sehr erschöpft fühlen, sollten Sie trotzdem die zusätzliche Anstrengung auf sich nehmen und ihr die Aufmerksamkeit geben, die sie jetzt so dringend braucht.

»Es macht mich ungeheuer wütend«, schimpfte eine Frau aus San Francisco. »Ich habe die größte Lust, ihn zu fragen, was er wohl davon halten würde, wenn ich in dem Moment, in dem er einen Orgasmus hat, aus dem Zimmer spazieren würde. Am liebsten würde ich danach die Nachttischlampe einschalten, mich an ihn kuscheln und etwas Süßes essen, zum Beispiel Schokoladekuchen.«

Und eine andere sagte: »Ich kann Ihnen gar nicht sagen, wie wichtig das ist. Für mich ist das letztendlich *der* Unterschied zwischen dem rein körperlichen Akt und einem Akt der Liebe.«

Nicht jeder Mann hat heutzutage die Gelegenheit, mit einer Jungfrau Liebe zu machen. Einer sagte mir mal: »Was ist das, eine Jungfrau? Ich habe noch nie eine getroffen!« Die Männer, die in diese Lage geraten, sollten sich bewußt machen, daß dies eine seltene Freude sein kann, aber daß sie dabei auch eine wichtige Verantwortung übernehmen.

Das erste Mal, daß eine Person – Mann oder Frau – Liebe macht, ist für sie ein ganz besonderes emotionales Ereignis. Es wird wahrscheinlich eine lebenslange Erinnerung bleiben und wohl mit Sicherheit alle weiteren Gefühle und Erlebnisse in bezug auf die körperliche Intimität auf Jahre hin beeinflussen. Dies gilt besonders für die Frauen. Für einen Mann kann das erste Mal traumatisch sein, eine Frau erlebt dabei aber möglicherweise einen akuten Schmerz, sowohl körperlich als auch seelisch. Der Mann, der sie das erste Mal mit der körperlichen Liebe vertraut macht, kann sie entweder auf den Weg zu einem sexuell erfüllten Leben führen oder ihr eine Last von allen möglichen Ängsten und sexuellen Hemmungen aufbürden.

»Ich habe sie mal zusammengezählt«, sagte mir ein Freund. »Und, glaub es oder laß es bleiben, ich habe schon mit neun Jungfrauen geschlafen. Irgendwie muß diese Situation mich anziehen. Mich überkommt dabei immer ein Gefühl von Beschützerpflicht. Ich glaube, ich will wirklich derjenige sein, der diesen wichtigen Augenblick für sie warm und schön macht.«

Wenn eine Frau beim ersten Liebesakt sehr ängstlich ist, können Sie ihr am besten helfen, indem Sie sie zum Lachen bringen.

»Bevor ich zum erstenmal mit John geschlafen habe, hatte ich wahnsinnige Angst«, erzählte mir eine Frau. »Ich mochte ihn wirklich gern, aber ich hatte solche Angst. Ich wollte es eigentlich gar nicht tun. Eines Abends sind wir nach einem Film zu ihm nach Hause gefahren. Auf seinem Sofa lag eine Unmenge von Kissen, und er fing sofort eine Kissenschlacht mit mir an. Eine Kissenschlacht war etwas, das ich nicht jeden Tag erlebte. Wir krümmten uns beinahe vor Lachen. Von dem Zeitpunkt an, wo wir uns küßten und berührten, ging alles sehr einfach.«

Wenn Sie in die Situation kommen, der erste Mann einer Frau zu sein, halten Sie sich immer vor Augen, wie wichtig dieser Augenblick für sie ist. Gerade in diesem Moment sollten Sie Ihre eigenen sexuellen Interessen und Bedürfnisse hintenan stellen und sich ganz darauf konzentrieren, sie zu befriedigen – sowohl körperlich als auch seelisch. Es wird leider so sein, daß der Schmerz bei vielen Frauen den physischen Genuß überwiegen wird, aber das ist kein Grund, ihr nicht wenigstens die emotionale Befriedigung zu gewähren, die sie verdient und nach der sie sich sehnt.

Das Durchstoßen des Jungfernhäutchens ist das wesentliche Ereignis. Noch heute werden in manchen Gegenden von Italien die Bettlaken aus dem Fenster gehalten, um zu beweisen, daß die Jungfernschaft der Braut noch intakt war, als das Paar sich gegenseitige Treue schwor. Selbstverständlich gibt es heute ›Jungfrauen‹, die ihr Hymen durch den Sport, Masturbation oder gynäkologische Untersuchungen schon verloren haben. Wenn dies nicht der Fall ist, kann der erste Stoß Schmerzen verursachen. Die Stärke des Schmerzes unterscheidet sich von Frau zu Frau beträchtlich.

Fangen Sie mit einem langsamen Vorspiel an, und dehnen Sie es so lange wie möglich aus, um ihren Körper zu entspannen und ihre Gedanken auf angenehme Dinge zu lenken. Es ist sehr wichtig, daß gerade hier die Flüssigkeit in der Vagina stimmt. Benutzen Sie entweder Ihren Speichel oder Vaselinsalbe. Gehen Sie beim Eindringen sehr langsam vor, und ermutigen Sie sie dabei ständig. Sagen Sie ihr, wie schön Sie es finden, wie gern Sie es mögen. In den meisten Fällen ist es am besten, wenn Sie, sobald Sie das Hymen erreicht haben, einen kräftigen Stoß ausführen. Das tut viel weniger weh als ein minutenlanger Druck.

Machen Sie ihr sofort klar, daß der Schmerz vorbei ist. Erzählen Sie ihr: »Wir haben noch so viel Zeit vor uns.« Oder: »Es wird noch viel schöner werden, als du es dir erträumt hast.«

Machen Sie ganz langsam weiter, und zeigen Sie ihr deutlich Ihre Zuneigung. Widmen Sie der Zeit nach dem Sex besondere Aufmerksamkeit. Alle Frauen brauchen eine Rückversicherung. Sie müssen wissen, wieviel sie Ihnen bedeuten, gerade, wenn der Liebesakt sein Ende gefunden hat. Und das gilt ganz besonders für den Augenblick, in dem eine Frau sich zum erstenmal einem Mann völlig hingegeben hat.

Eine Jungfrau braucht vor allem Selbstbestätigung. Noch mehr als andere Frauen braucht sie das Gefühl, daß der Sex aus Motiven der Liebe und Zuneigung entstanden ist, nicht durch einen unwiderstehlichen Trieb. Deshalb nehmen Sie sich vor, sie sobald wie möglich nach dem Liebesakt wiederzusehen. Wenn Sie zu lange damit warten, wird sie Angst bekommen, daß Sie sie fallengelassen haben, weil sie sich Ihnen gegenüber ›bloßgestellt‹ hat. Anders ausgedrückt, gehen Sie nicht das erste Mal mit einer Jungfrau ins Bett, wenn Sie nicht vorhaben, sie immer wieder zu lieben.

9.
Das große ›O‹

Nancy hatte sich ein paar Jahre, nachdem sie das Jurastudium absolviert hatte, von ihrem Mann Ted scheiden lassen und ging nun seit ungefähr einem Jahr mit Kevin, einem Architekten, als ich sie das letzte Mal sah. Wir hatten noch nicht lange miteinander gesprochen, als sie das Thema Sex anschnitt. Offenbar lag es ihr auf der Seele.

»Wie läuft es so?« fragte ich sie.

»Gut. Kevin und ich sehen uns ungefähr dreimal die Woche. Im Gegensatz zu Ted ist er unheimlich rücksichtsvoll. Das ist toll für mein Ego.«

Etwas in der Art, wie sie das ›gut‹ betonte, machte die nächste Frage unumgänglich. »Wie ist der Sex?« erkundigte ich mich.

Sie lächelte nur.

»So gut?«

»Ziemlich gut.« Wieder dieses ›gut‹.

»Kannst du dich ein bißchen ausführlicher äußern?«

»Ich weiß nicht genau. Es ist einfach viel besser als damals mit Ted.«

»Du hast doch nicht ernsthaft vor, es dabei zu belassen, oder?«

»Um dir die Wahrheit zu sagen, es hat mich richtig wütend gemacht.«

»Was, bitte?«

Sie sah mir scharf in die Augen. »Vor einem Monat hatte ich meinen *ersten* Orgasmus«, sagte sie. »Kannst du dir das vorstellen? Weißt du, was das bedeutet? Ich war vier Jahre lang mit Ted verheiratet und hatte keinen einzigen Orgasmus. Das Erstaunliche dabei ist, daß ich das gar nicht gewußt habe. Erst als ich es bei Kevin zum erstenmal erlebte, spürte ich, was so ein Orgasmus überhaupt ist und was ich bis dahin versäumt hatte.«

»Was ist anders geworden? Was macht Kevin anders als Ted?«

»Ich weiß es nicht. Es kann an vielen Dingen liegen. Mit ihm ist alles so einfach. Bei Ted war ich immer auf irgendwas wütend oder verzweifelt. Ich hatte immer Angst, daß es nicht richtig klappen würde. Und auch wenn alles richtig zu laufen schien, war es wie ein Wettkampf. Er suchte in allem den Wettstreit. Ich vermute, daß er Sex auf dieselbe Art handhabte. Ich hatte immer das Gefühl, er versuchte mir zu zeigen, daß er auch im Sex viel besser wäre als ich. Heute weiß ich es besser.«

Nancy steht nicht allein da. Laut dem *Hite-Report* erleben nur zweiundfünfzig Prozent der sexuell aktiven Frauen in Amerika einen regelmäßigen oder gelegentlichen Orgasmus. Denken Sie mal einen Augenblick lang darüber nach. Es handelt sich nicht um zweiundfünfzig Prozent aller Frauen, sondern nur um zweiundfünfzig Prozent aller *sexuell aktiven* Frauen, und berichtet wird von Orgasmen, die auf jede nur mögliche Weise erreicht wurden: oral, manuell und genital. Die Autorin des Buches *Für Sie selbst: die Erfüllung der weiblichen Sexualität,* Dr. Lonnie Garfield Barbach, fügt hinzu, daß sogar die Frauen, die einen Orgasmus erreichen, normalerweise Schwierigkeiten damit haben.

Die Tragik der Angelegenheit besteht darin, daß nur die wenigsten dieser Frauen, die fortlaufend keinen Orgasmus erfahren, klinisch frigide sind. Die Experten sind sich nicht ganz klar darüber, wie klein der Prozentsatz ist. Die meisten Frauen sind absolut *fähig,* zu einem Orgasmus zu kommen.

Das bedeutet, daß wir unsere Aufgabe nicht erfüllen. Ein großer Teil des Liebesakts wird durch Männer vergeudet, zumindest von ihnen monopolisiert. Hier ist der Beweis, daß der größte Teil der Klogespräche von Männern, ihre Angabe, daß sie wieder einmal einer Frau das große ›O‹ verpaßt haben, nichts als leeres Geschwätz ist.

Einigen Männern fällt es schwer, diesen traurigen Zustand zu begreifen und Verständnis dafür zu entwickeln. Sie glauben, daß Frauen keinen Orgasmus brauchen, um Sex genießen zu können. Dieselben Männer, die sich keinen Geschlechtsverkehr ohne Orgasmus vorstellen können, meinen, daß Frauen den gleichen Orgasmus nicht wirklich vermissen. »Für einen Mann geht es nur darum zu kommen«, sagte ein Bauer aus Colorado. »Aber

Frauen kommen nicht, also interessiert es sie auch nicht.«

Sogar Ärzte – *männliche* Ärzte – haben vor kurzem behauptet, daß man dem weiblichen Orgasmus zu viel Wert beimesse. Im gleichen Atemzug, in dem diese Männer sagen, daß sexueller Geschlechtsverkehr für Frauen wichtig sei, betonen sie, daß es für eine Frau wenig Unterschied zwischen dem Zustand der Erregung und dem Orgasmus selbst gäbe, und daß der Zustand der Erregung deshalb genauso befriedigend sein müsse. Diese Ärzte geben zwar zu, daß die Penetration für eine Frau Bedeutung habe, aber diese sei hauptsächlich psychologischer Art. Die Tatsache allein, daß die Frauen sich immer wieder die Penetration wünschen, obwohl sie die am wenigsten effektive Methode sei, einen Orgasmus zu erreichen, sei schon Betrug genug dafür, daß ihnen der Orgasmus selbst nicht so wichtig sei.

Sehr viele Frauen sind schnell bereit, diesen ›Experten‹ zu widersprechen. Eine meiner Freundinnen stellte diesen Punkt sofort klar. »Bist du wahnsinnig?« schrie sie auf, als ich ihr diese Frage stellte. »Natürlich ist der Orgasmus für die Frauen wichtig. Eine Frau, die Orgasmen für unwichtig hält, hat noch nie einen gehabt.«

Auch neuere Untersuchungen haben gezeigt, daß es für die Frauen von Bedeutung ist, einen Orgasmus zu erleben – und das relativ häufig. Die Frauen scheinen sich sogar mehr dafür zu interessieren, wie oft sie Liebe machen, als für die spezielle Schönheit dieses Ereignisses. Vor kurzem veröffentlichte *Cosmopolitan* einen Artikel, der besagte, daß die Frequenz oder *Quantität* des Geschlechtsverkehrs wichtiger sein kann als die *Qualität*. Die Entspannung, die der Orgasmus mit sich bringt, scheint zur Befriedigung einer Beziehung beizutragen, auch wenn der individuelle Akt der Liebe nicht als ein großes Ereignis angesehen wird.

Eine Untersuchung aus dem Jahre 1975 besagt, daß ›die Häufigkeit, mit der sie Liebe machen und einen Orgasmus erfahren, für die meisten Frauen in direktem Zusammenhang mit ihrer Fähigkeit steht, im ehelichen Geschlechtsverkehr einen hohen Befriedigungsgrad zu erlangen‹.

Wenn Ignoranz die Seligkeit bedeutet, leben viele Männer hinsichtlich des weiblichen Orgasmus in einem dauerhaften Zustand der Euphorie. Sie denken, daß Frauen nur dafür geschaffen wurden, den männlichen Sex zum Höhepunkt zu bringen. Ihr eigener Genuß sei sekundär. »Es ist sehr nett, wenn sie auch was davon hat«, sagte der Bauer aus Colorado einfühlsam. »Es vergrößert das Vergnügen.«

Dabei ist sie eigentlich diejenige, die viel größere Fähigkeiten zur Genußfreudigkeit besitzt als der Mann. Bei ihm mag der Orgasmus zwar leichter und schneller kommen, aber er bleibt immer eine zweitklassige Angelegenheit. An einem Abend kann ein Mann ein-, zwei- oder dreimal zum Höhepunkt kommen. Viermal ist schon eine Art Rekord.

Eine Frau aber kann einen Orgasmus nach dem anderen haben. Die meisten Männer sind sehr ungläubig, wenn sie etwas über das Wunder des multiplen Orgasmus hören. »Ich habe meinem Mann einmal einen Zeitschriftenartikel über den multiplen Orgasmus zu lesen gegeben«, sagte eine Hausfrau aus Boston. »Danach war er eine Woche lang impotent. Er kam ins Bett und sah mich an, als ob ich vom Mars käme. Ich glaube, das hat ihm höllische Angst eingejagt.«

Es gibt nur wenige Männer – und wenige Frauen – die das Wesen des weiblichen Orgasmus ganz begreifen können. Eine Schwierigkeit besteht darin, daß man sich auf die äußerlichen Signale einer Frau nicht wirklich verlassen kann. In dem Bewußtsein, daß die meisten Männer ihren Orgasmus anstreben, spielen die meisten Frauen, ob sie nun verheiratet sind oder ledig, ihnen einen Höhepunkt vor. Durch die Jahrhunderte hindurch haben sich die Frauen als die besten Schauspielerinnen erwiesen – sie stöhnten, seufzten, keuchten und schlugen um sich, um zur rechten Zeit einen Orgasmus vorzutäuschen.

Auch wissen die Frauen selbst oft nicht, ob sie einen Orgasmus oder nur einen Zustand höchster sexueller Erregung erfahren. Shere Hites Untersuchung macht deutlich, daß ›manche Frauen, die von sich glauben, einen Orgasmus während des Geschlechtsverkehrs zu erleben, wahrscheinlich irren‹. Als Beweis führt Shere Hite einige Zitate der von ihr befragten Frauen an, die sehr verwirrt klingen. ›Wenn ich einen Orgasmus habe, spüre ich tief in meiner Vagina ein Pulsieren. Ich war mir aber nie sicher, ob es nun mein Orgasmus war oder das pulsierende Organ meines Liebhabers in mir.‹

Die Frauen, mit denen ich sprach, machten mir klar, daß eine Frau, die sich nicht sicher ist, ob sie einen Orgasmus erlebt hat oder nicht, eindeutig noch nie zum Höhepunkt gekommen ist. »Wissen Sie es, wenn Sie geniest haben?« fragte mich eine Frau erstaunt, als ich ihr von Shere Hites Entdekkungen erzählte.

Und eine andere Frau fügte hinzu: »Es gibt natürlich, wie auch bei Männern, Orgasmen und Orgasmen. Einige sind wie eine sanfte Strömung – fast nur ein Kräuseln der Wasseroberfläche. Andere kommen wie eine Flutwelle. Die letzteren sind selten und kommen in großen Abständen – es sei denn, man hat einen großartigen Liebhaber.«

Allgemein betrachtet, kann man den weiblichen Orgasmus mit dem männlichen vergleichen. Ein männlicher Orgasmus besteht gewöhnlich aus zwei nicht zu beeinflussenden Reaktionen. Als erstes zieht sich sein gesamter Körper konvulsivisch zusammen, dann folgt die Ejakulation. Normalerweise geschieht beides simultan, kann sich aber auch unabhängig voneinander ereignen. Der Mann kann zum Beispiel einen unfreiwilligen Körperkrampf ohne Ejakulation verspüren oder umgekehrt.

Auch bei der Frau besteht der Orgasmus aus

zwei verschiedenen Phasen – einmal, ähnlich wie beim Mann, aus einer unfreiwilligen Verkrampfung des Körpers, und zum zweiten aus der Kontraktion der Muskeln um die Vagina herum. Dieser Muskel wird Pubococcygeamuskel oder einfach PC-Muskel genannt. Sie können ihn spüren, wenn Sie während des Höhepunktes ihren Finger in ihre Scheide oder in ihren Anus stecken.

Zwischen Erregung und Orgasmus ereignen sich alle möglichen Veränderungen im Körper der Frau. Das Blut beginnt im Beckenbereich zusammenzuströmen, die Vagina wird langsam feucht, die inneren und äußeren Schamlippen und die Klitoris vergrößern sich (die Brüste manchmal ebenfalls), die Brustwarzen werden steif, und die Vorhöfe – die etwas dunklere Haut um die Brustwarzen – beginnen anzuschwellen.

Dann zieht sich die Vagina zusammen. Der Atem der Frau wird schneller; der Blutdruck steigt (manchmal scheinen Nacken, Gesicht, Schultern und Brüste sich zu röten). Die Muskeln in Gesicht, Händen und Füßen spannen sich langsam an, und schließlich, das einzige zuverlässige Zeichen, die Farbe der Schamlippen geht von einem zarten Rosa in helles Rot über.

An diesem Punkt vollzieht sich der Orgasmus. Die Muskelspannung erreicht ihren Höhepunkt. Blutdruck, Pulsschlag und Atmung werden immer heftiger. Das Gewebe im Scheidenbereich wird noch mehr durchblutet. Das äußere Drittel der Vagina zieht sich rhythmisch zusammen, circa jede

Sekunde über einen kurzen Zeitraum hinweg. Auch die Uterusmuskeln und manchmal sogar der Muskel am Anus ziehen sich ein paarmal zusammen. Die Blockierung, die sich ganz schnell im Beckenbereich ausgebreitet hat, entspannt sich plötzlich und verursacht im gesamten Körperbereich ein herrliches Wärmegefühl.

Nach dem Orgasmus schwellen die Vorhöfe wieder ab, die Brustwarzen stehen deswegen noch aufrechter. Der Körper schwitzt leicht, die Muskeln entspannen sich noch mehr und der Uterus sowie die Klitoris kehren in die Ruhestellung zurück, die sie vor dem Koitus eingenommen hatten. Alles, was übrigbleibt, ist vielleicht ein zartes Kribbeln in der Klitoris.

Einige dieser Anzeichen für einen Orgasmus sind schwer zu entdecken, andere dafür um so deutlicher. Ich habe viele Männer gefragt, wie sie es feststellen, ob ihre Partnerin einen Orgasmus gehabt habe. Einer antwortete, die Schwierigkeit bestünde darin, daß es zwar mehrere körperliche Symptome gäbe – ihre Brust ist leicht gerötet, sie schwitzt, ihre Brustwarzen erigieren – aber nicht alle Symptome tauchen bei allen Frauen im gleichen Maße auf.

Und ein Internist sagte mir: »Es gibt eine sehr einfache Methode, den Orgasmus einer Frau zu entdecken: ich beobachte ihren oberen Brustkorb, den Bereich um die Schlüsselbeine. Er rötet sich leicht, und sie bekommt dort eine Gänsehaut. Aber dabei gibt es natürlich Probleme. Wenn sie gerade vom Strand kommt, ist diese Stelle tagelang gerötet, und wenn man das Licht ausmacht, sieht man überhaupt nichts.«

»Es ist schwierig, etwas festzustellen, wenn ich in ihr bin«, sagte ein anderer Mann, »aber mit meinen Fingern kann ich es leicht erspüren. Die Klitoris verschwindet, die Schamlippen schwellen an, und ich spüre Kontraktionen.«

»Ich höre auf die Geschwindigkeit ihrer Seufzer«, sagte ein Rechtsanwalt aus New York. »Wenn sie sehr beständig und regelmäßig sind und dann nur durch eine kurze Veränderung unterbrochen werden, hatte sie wahrscheinlich keinen richtigen Orgasmus. Vermutlich dachte sie an irgend etwas, was am Tag zuvor im Büro geschehen ist, und plötzlich fiel ihr wieder ein, daß sie ja mit mir im Bett lag. Auch wenn sie ganz überschwenglich wird und zum Beispiel sagt: ›O Liebling, das war wundervoll‹, und wenn sie hinzufügt, ich solle doch kommen und die Sache erledigen, kann ich ziemlich sicher sein, daß ihr Orgasmus nur auf dem Verlangen basierte, so bald wie möglich aus dem Bett steigen zu können.«

Wenn Sie nicht sicher sind, ob ihre Frau oder Partnerin einen Orgasmus erreicht, sollten Sie mit ihr darüber sprechen. Bringen Sie die Rede noch nicht im Bett darauf. Es ist wahrscheinlich überhaupt besser, das Thema nicht allzu direkt anzugehen. Beginnen Sie mit einer Diskussion über den weiblichen Orgasmus oder den Orgasmus im allgemeinen, oder versuchen Sie, sie dazu zu verleiten, daß sie das Thema von sich aus anschneidet.

Das Gespräch kann möglicherweise enttäuschend ablaufen. Eine Frau sagte mir: »Die Frauen täuschen den Orgasmus aus Mitleid mit den Männern vor. Das Geständnis, daß sie keinen Höhepunkt erreicht, wäre die Mitteilung, daß er nicht dazu in der Lage sei, ihr dazu zu verhelfen. Die Frauen glauben, daß die Männer die Wahrheit nicht vertragen. Der Mann sollte den Mut besitzen, ihr die Frage zu stellen: Hast du einen Orgasmus?«

WIE MAN EINER FRAU HELFEN KANN, EINEN ORGASMUS ZU ERREICHEN

Was tun Sie, wenn Ihre Partnerin keinen Orgasmus zu haben scheint? Warum nutzen nur so wenige Frauen ihr sexuelles Potential vollständig aus? Warum sind so wenige Männer in der Lage, den Frauen sexuelle Erfüllung zu schenken? Warum ist das große ›O‹ so unbegreiflich? Und – die wichtigste Frage – was kann man tun, wenn die Geliebte beständig Schwierigkeiten hat, einen Orgasmus zu erlangen?

Nancys Vermutung zu Beginn dieses Kapitels trifft den Nagel auf den Kopf. Drei Jahrzehnte psychologischer Forschung haben erwiesen, daß Angst und Verkrampfung die Frauen als wesentlichste Faktoren daran hindern, zu einem Orgasmus zu kommen.

Deshalb ist es unumgänglich, daß eine Frau sich entspannen kann. Wenn sie sich aus irgendeinem Grund ängstlich oder unwohl fühlt, sind die Chancen, sie zu einem Höhepunkt zu bringen, äußerst gering. Das ist der Grund, warum die meisten Frauen, die mit dem Orgasmus Schwierigkeiten haben, ihren ersten erst dann erleben, wenn sie eine länger währende Beziehung eingehen können, in der sie sich vollkommen sicher fühlen. Und deshalb sind die Frauen, die regelmäßig einen Höhepunkt erleben, diejenigen, die mit ihren Männern oder Liebhabern im Rahmen einer fortwährenden Beziehung schlafen. Eine Frau, die sich bei einem Mann unsicher fühlt oder die unbewußt oder sonstwie Angst davor hat, verlassen zu werden, wird sich kaum genügend entspannen können, um einen Orgasmus zu erleben.

Der beste Weg, einer Frau zur Entspannung zu verhelfen, ist es natürlich, sie mit Zuneigung zu überschütten und ihr viel Zeit zu lassen. Ein Grund, warum Frauen so viel länger brauchen, um zum Orgasmus zu kommen, ist die Tatsache, daß sie sich nicht ohne lang andauernde, beständige physische Intimität entspannen können. Wenn Ihre Partnerin also damit Probleme hat, verbringen Sie mehr Zeit mit ihr im Bett. Geben Sie ihr möglichst viel Zeitraum – beim Vorspiel *und* beim Koitus.

Und denken Sie daran, die meisten Frauen erreichen ihren Orgasmus über die Stimulation der Klitoris, nicht der Vagina. Die inneren zwei Drittel der

Vagina sind tatsächlich so unempfindlich, daß man kleinere Operationen daran ohne Betäubungsmittel durchführen kann. Doch auch wenn der größte Teil der Vagina empfindungslos ist, muß noch einmal wiederholt werden, daß die Klitoris oft überempfindlich ist. Nähern Sie sich ihr zuerst indirekt und immer vorsichtig.

Behalten Sie immer die Tatsache im Auge, daß die meisten Frauen durch orale und manuelle Erregung leichter als durch genitale Stimulierung einen Orgasmus erreichen. Konzentrieren Sie sich also als erstes auf den Bereich der Klitoris, und spielen Sie mit Ihrer Zunge und Ihren Fingern damit. Besonders zu Anfang können Sie beide sich darauf einigen, daß sie auf Ihnen liegt, um ihr eine maximale Kontrolle über die Tiefe und Geschwindigkeit der Penetration zu ermöglichen. Es ist wichtig, daß Sie Ihre Erregung so lange wie möglich aufrecht erhalten können. Lernen Sie es, mindestens fünfzehn bis zwanzig Minuten lang Ihre Erektion zu behalten (vgl. Kapitel 13, ›Sexualtherapie‹). Oder wechseln Sie zwischen genitalem Verkehr und oraler sowie manueller Stimulation ab.

Vor allem ist es wichtig, darauf zu achten, daß sie die Erregungsphase nicht von selbst zu früh unterbricht. Viele Frauen sind sich der Gefühle ihrer Partner so sehr bewußt, daß sie nach zehn oder zwanzig Minuten ein schlechtes Gewissen verspüren und einen Orgasmus vortäuschen – besonders, wenn ihr Partner schon vor ihnen gekommen ist. Ein Freund von mir hat es geschafft, eine Frau zum erstenmal zu einem Orgasmus zu bringen, indem er ihre Freudenseufzer und ihr Stöhnen einfach ignoriert und weitergemacht hat, bis der wirkliche Höhepunkt sich ereignete.

Ein führender Therapeut rät: »Nehmen Sie sich Zeit. Entspannen Sie sich. Hören Sie ruhig zwischendrin einmal auf. Sprechen Sie mit ihr. Spielen Sie mit ihr. Versuchen Sie nicht, sich wie ein Bulle aufzuführen. Würdigen Sie ihren Körper. Schließlich wird alles von allein laufen.« Und eine andere von mir befragte Frau sagte praktisch dasselbe. »Was mir zu einem Orgasmus verhilft? Berührung, Küsse, Petting, Lecken. Es ist gut, wenn er das eine lange Zeit macht, wenn er mich erregt und wieder aufhört, wenn wir uns aneinander kuscheln und dann weitermachen.«

Und eine andere meinte: »Seine Bereitschaft zu spielen. Wenn beide schnell zum Höhepunkt kommen, großartig. Wenn sie aber nicht kommen kann, sollte er sie berühren und so lange reizen, bis sie zu aufgeregt ist, um den Orgasmus zurückzuhalten. Es sollte aber wie ein Spiel vor sich gehen und nicht in Arbeit ausarten.«

Und eine dritte Frau sagte mir: »Das Wichtigste dabei ist, sich genügend Zeit zu nehmen. Manchmal glaube ich, daß alle Männer sich beeilen, um nur ja zum Orgasmus zu kommen. Ich wünsche mir, daß wir etwas Zeit damit verbringen könnten, intim zu sein. Zum Teil liegt das auch an den Frauen. Die Männer haben Angst, uns nicht richtig zu befriedigen. Wer setzt jetzt eigentlich wem die Pistole auf die Brust? Es gibt eine gewisse Furcht davor, sich im Bett zu produzieren. Früher war es so, daß Männer einfach zu mir ins Bett sprangen und sofort zu Stoßen anfingen. Heute kommen sie, um mir Freude zu bereiten. Deshalb mache ich Sex auch lieber am Wochenende oder in den Ferien.«

EINZELNER, MULTIPLER, AUFEINANDERFOLGENDER ORGASMUS – UND PERITONEALER ORGASMUS

Laut der Sexualtherapeutin Dr. Avodah K. Offit gibt es drei verschiedene Arten des weiblichen Orgasmus – einzeln, aufeinanderfolgend und multipel. ›Sie ereignen sich ohne Rücksicht auf die Art der Erregung – unabhängig davon, welcher Körperteil der Frau stimuliert worden ist oder welchen sie selbst stimuliert hat.‹

Der *einzelne* Orgasmus ist meistens die erste Art von Orgasmus, die eine Frau erlebt. Er kann aus mehreren Kontraktionen in verschiedenen Bereichen der Scheide bestehen oder nur ein einziger kraftvoller Spasmus sein. Wie der männliche Orgasmus ist der einzelne bei der Frau intensiv und befriedigend. Der *multiple* Orgasmus setzt sich aus einer Serie von Einzelorgasmen von unterschiedlicher Intensität zusammen, die in kurzen Abständen aufeinander folgen. Shere Hite berichtet, daß eine Frau mit der Fähigkeit zu multiplen Orgasmen innerhalb von nur wenigen Minuten fünf oder sechs volle Orgasmen erleben kann. Im Gegensatz dazu sind die Höhepunkte, die sich während des *aufeinanderfolgenden* Orgasmus pausenlos aneinanderreihen, weniger intensiv.

Multiple und aufeinanderfolgende Orgasmen haben eins gemeinsam: eine Frau entwickelt ihre Fähigkeit dafür gewöhnlich nur, wenn sie beträchtliche Erfahrung und Zeit darauf verwendet. Die meisten Frauen sind sich ihrer Anlage zu der Variationsbreite ihrer Orgasmen nicht bewußt, bevor sie dies nicht erlebt haben. Experten sind sich nicht darüber klar, was eine Frau dazu führt, diese Fähigkeiten zu multiplen und aufeinanderfolgenden Orgasmen zu entwickeln. Manche nehmen an, daß ein neuer Liebhaber oder derselbe Liebhaber aber andere Liebestechniken den Unterschied ausmachen. Andere vermuten, daß die wachsende emotionale und körperliche Entwicklung der Frau selbst dafür verantwortlich ist.

Aber einzelne, aufeinanderfolgende oder multiple Orgasmen vervollständigen die Liste noch nicht. Es gibt eine weitere, wenig bekannte, aber in letzter Zeit häufig diskutierte Orgasmusart. Man nennt sie die vierte und endgültige weibliche Orgasmusfähigkeit – der Orgasmus des Bauchfells. Allein diese Art gibt der Frau die tiefste Befriedigung.

Hierbei wird die empfindliche Haut, von der die Eingeweide umhüllt sind, miteinbezogen. Sie berührt die Scheide von außen tief oben im Bereich des Muttermundes. Dieser peritoneale Orgasmus, auch Graftenbergscher Orgasmus genannt, kann nur durch das weitmöglichste Eindringen des Penis erreicht werden. In den meisten Fällen gelingt er eigentlich nur, wenn die Frau obenauf liegt.

Um einer Frau diesen Orgasmus zu ermöglichen, muß man weitgehend auf das Vorspiel (vor allem auf die Stimulation der Klitoris) verzichten. Nachdem Sie eingedrungen sind, pressen Sie leicht mit der Hand auf ihren Unterleib.

Die Stimulation des Peritoneums erzeugt bei vielen Frauen einen Orgasmus, der sich wesentlich vom klitoralen Orgasmus unterscheidet. Er hat mehr Ähnlichkeit mit dem männlichen Höhepunkt: er kommt sehr schnell, steigert sich zu einem intensiven Hochgefühl und geschieht nur einmal.

Es ist nicht leicht, dieses Erlebnis hervorzurufen. Aber wenn Sie beide sich mit Geduld und Ausdauer darum bemühen, werden Sie belohnt werden. Es geht um das, was die Frauen das ›unbegreiflichste ‚O' von allen‹ nennen.

VON DER BEKLEMMUNG ZUM ORGASMUS: SCHRITT FÜR SCHRITT

Was geschieht, wenn Sie all die oben beschriebenen Schritte unternommen haben, um einer Frau zu einem Orgasmus zu verhelfen, und sie kann immer noch nicht kommen? Glücklicherweise haben Sexualtherapeuten in jüngster Zeit einige bemerkenswert erfolgreiche Methoden entwickelt, Frauen bei diesem Problem zu helfen. Viele dieser Praktiken können Paare in der intimen Atmosphäre ihres Schlafzimmers ausprobieren. Aber es bleibt eine selbstverständliche Tatsache, daß ernsthafte Probleme die Unterstützung eines ausgebildeten Therapeuten erfordern.

Mary Linda Fara, Vizedirektorin des Marital-Sexual Therapy Institutes in Fairfax, Virginia, führt verschiedene Punkte aus: ›Um befriedigenden Sex erleben zu können, sind bei Frauen zwei Dinge erforderlich. Das erste, sie muß sich völlig frei von Angst fühlen, und zweitens, sie muß sich in Gedanken mit sexuellen Dingen befassen. Sonst wird sie wohl kaum einen Orgasmus erleben. Jedes Gefühl von Angst kann ihr Vergnügen an der Sexualität sofort beenden. Wenn Sie mit einer Frau Liebe machen und sie dabei im Unterbewußtsein befürchtet, daß zum Beispiel das Telefon klingeln könnte, wird sie alles sexuelle Interesse verlieren.

Eine der größten Ängste ist jedoch die Furcht vor der Ausführung – das heißt, die Furcht, daß es *nicht* zur Ausführung kommen wird. Der Grund, warum die meisten Frauen – und Männer – ihre Fähigkeit zur Ausübung des Verkehrs verlieren, liegt darin, daß sie sich so verzweifelt darum bemühen.

Es ist genauso, als würde man nicht einschlafen können. Wenn man sich zu sehr mit dem Gedanken ans Einschlafen beschäftigt, ist es beinahe unmöglich, Ruhe zu finden. Das gleiche gilt für den

Sex. Wenn eine Frau sich zu sehr darauf versteift, einen Orgasmus zu erlangen, kann sie nicht zum Höhepunkt kommen. Zumindest ist es auf diese Weise wesentlich schwieriger. Ein Orgasmus muß wie von selbst kommen. Ironischerweise ist gerade die Furcht vor dem Versagen ein todsicheres Mittel, wirklich zu versagen.«

Dr. Bryan Campden-Main, Ms.* Faras Ehemann und Partner, fügt hinzu: »Lange Zeit haben wir geglaubt, daß Sex etwas sei, das man *an* Frauen *ausübt*. Frauen wurden dazu erzogen, in der Hochzeitsnacht den Geschlechtsverkehr über sich ergehen zu lassen. Dann haben sich die Vorstellungen geändert. Sex wurde zu etwas, das man *für* eine Frau tut. Aber tatsächlich ist Sex überhaupt nichts, was man für irgend jemanden tun kann. Sex ist etwas, das man nur für sich selbst tun kann, und auch eine Frau kann es nur für sich selbst tun. Sex ist eine Handlung zwischen zwei Personen, die sie für sich selbst *und* für ihren Partner ausüben. Sie können ihrem Partner zwar zu einem Orgasmus verhelfen, aber dabei bleibt jeder für seinen oder ihren eigenen Orgasmus verantwortlich.«

Zitieren wir den *Hite-Report*: ›Die Vorstellung, daß wir uns in Wirklichkeit unsere eigenen Orgasmen schaffen, sogar während des Koitus, steht direkt im Widerspruch zu dem, was uns beigebracht worden ist. (Aber) es ist tatsächlich so ...

---

* Ms. ist die amerikanische Bezeichnung für weder Miß noch Misses. *Anmerkung der Übersetzerin.*

denn wir müssen dafür sorgen, daß (die Erregung) durch Körperbewegung oder Bewegungsangebote, durch die Anspannung der Körpermuskeln und das Einnehmen aller erforderlichen Positionen erzielt wird.‹ Oder, wie eine Frau es ausdrückte: »Man muß sich darum kümmern.«

Anders gesagt, das große ›O‹ ist etwas, das sie sich selbst verschaffen muß. Sie können ihr nur dabei helfen, indem Sie die richtigen Bedingungen für den Orgasmus herstellen.

Wenn Ihre Frau oder Partnerin fortlaufend Schwierigkeigen beim Orgasmus hat, überzeugen Sie sie davon, daß niemand von ihr einen Höhepunkt *erwartet*. Sagen Sie ihr auch, Sie würden für einen bestimmten Zeitraum auch nicht von ihr erwarten, daß sie *Ihnen* zu einem Orgasmus verhilft. Machen Sie ihr deutlich, daß Sie froh sind, wenn sie sich bei Ihnen wohl fühlt, und konzentrieren Sie sich auf ihre körperlichen Genüsse.

Denken Sie an sexuelle Vergnügen und erzählen Sie ihr davon. Sie können Ihr natürlich nicht ihre eigenen Fantasien schaffen – denn sie sind ein Produkt aus der Kindheit –, aber Sie können sie dazu ermutigen, Ihnen die Szenen zu schildern, die sie sich schon vorgestellt hat. Lassen Sie sie wissen, daß sie Ihnen ihre Wunschvorstellungen anvertrauen kann, indem Sie ihr zuerst Ihre eigenen Fantasien anvertrauen. Die endgültige Blockade für einen Orgasmus bildet ihr Verstand – eine lebhafte Fantasie kann diese Blokkade wegschwemmen.

Wenn Sie einmal alle ihre Angstgefühle beseitigt haben und ihre Gedanken erfolgreich auf die sexuellen Gefühle konzentrieren konnten, geht die ›Behandlung‹ in drei Stufen vor sich.

KÖRPERBEWUSSTSEIN

Frauen mit Orgasmusproblemen haben oftmals keinen direkten Kontakt zu ihrem eigenen Körper. Für sie ist es notwendig, sich der besonderen Gefühle und Reaktionen bewußter zu werden. Dabei kann der Sport behilflich sein, aber es gibt auch vieles, womit Sie ihr in der intimen Abgeschiedenheit Ihres Schlafzimmers helfen können. Legen Sie sie aufs Bett und sagen Sie ihr, daß sie sich so weit wie möglich entspannen soll. Dann beginnen Sie, ihren Körper mit zarten Berührungen langsam, Körperteil für Körperteil, zu erforschen.

Während der ersten Begegnungen vermeiden Sie am besten die Brüste und Genitalien. Dadurch nehmen Sie ihr das Gefühl, daß sie sich jetzt auf den Geschlechtsakt einstellen müßte. Wenn Sie nach ein paar weiteren Begegnungen sicher sein können, daß Ihre Berührungen sie völlig entspannt haben, können Sie damit beginnen, ihre Brüste und eventuell den Vaginalbereich zu liebkosen.

SELBSTERREGUNG

Die Selbststimulierung ist der nächste Schritt. Anders ausgedrückt, fordern Sie sie auf zu masturbieren – am besten, wenn Sie dicht neben ihr liegen, so daß sie es lernt, sich bei der genitalen Erregung in Anwesenheit des Partners wohl zu fühlen. Der *Hite-Report* berichtet: ›Unter den Frauen in dieser Untersuchung, die nie einen Orgasmus erlebt haben, ist der Prozentsatz derjenigen, die nie masturbiert haben, fünfmal so hoch als bei den restlichen Frauen.‹

Wenn sie zuvor noch nie masturbiert hat, ist jetzt der richtige Zeitpunkt, damit zu beginnen. Wenn sie schon masturbiert *hat*, sollte sie nun neue Techniken ausprobieren. Hat sie es zum Beispiel bis dahin immer mit der ganzen Hand gemacht, kann sie jetzt einmal versuchen, ihre Klitoris nur mit einem oder zwei Fingern zu erregen. Das sollte sie so lange durchführen, bis die Beklemmung über die Erregung aufhört und sie sich am ganzen Körper vollkommen wohl fühlt.

PENETRATION

Der letzte Schritt besteht darin, daß *Sie* sie erregen. Aber versuchen Sie nicht, zu früh zuviel zu tun. Denken Sie daran, daß sie ja selbst für ihren Orgasmus sorgen muß. Auch wenn Sie direkt in die

Therapie miteinbezogen werden, es ist und bleibt ihre eigene Angelegenheit.

Es geht jetzt immer noch darum, die Frau – oder Sie selbst – nicht zu einem Orgasmus zu bringen. Sie soll sich nur daran gewöhnen, die Penetration angenehm zu finden. Mit etwas Geduld und viel Zeit, und vor allem mit Ihrer uneigennützigen Hilfe, wird sie sich selbst zu einem Orgasmus verhelfen. Wenn dies *nicht* gelingt, ist es Zeit, einen professionellen Therapeuten aufzusuchen.

Einer Frau dabei behilflich zu sein, die überwältigenden Gefühle des großen ›O‹ zu erleben, hat nichts mit sexueller Leichtathletik zu tun. Es ist eine langsame, liebevolle Aufgabe, die es eine Zeitlang von Ihnen erfordert, die sexuellen Bedürfnisse der Frau über Ihre eigenen zu stellen. Wenn es Ihnen aber gelungen ist, sie zu einem Orgasmus zu bringen und dadurch ihre volle Genußfähigkeit zu entdecken, haben Sie ihr ein enorm wichtiges Geschenk gemacht, eine Gabe, die zwischen Ihnen beiden eine enge Bindung schaffen wird und aus Ihnen eine emotionale Einheit macht, die viel intensiver sein kann als körperliche Genüsse und sexuelle Erleichterung. Ein Orgasmus ist ein Geschenk der Liebe.

10.
Die Würze des Lebens

Es ist eine Kunst, den Liebesakt zu praktizieren. Ein wesentlicher Teil dieser Kunst besteht in der Abwechslung. Eine alte Geschichte berichtet, daß es während des Goldrausches in San Francisco ein Bordell gegeben habe, das den Kunden einen Monat lang jede Nacht eine neue Abwechslung ›garantierte‹. Überflüssig zu sagen, daß das Management ein Bombengeschäft gemacht hat.

Der Goldrausch ist vorbei, und so steht es auch, nach der Meinung vieler Frauen, mit der sexuellen Abwechslung. »Jeder hat seine Lieblingsposition«, sagte eine Frau aus dem heutigen San Francisco, »und das ist alles, was er tut. Nacht für Nacht ist es jedesmal dasselbe. Man hält es wohl für sehr gewagt, wenn man mal von der Missionarsstellung abweicht.«

Viele Frauen klagen darüber, daß ihre Männer langweilige Liebhaber sind. Sie sind nicht bereit, neue Dinge auszuprobieren. Sie dulden keine Neuheiten, keine Abwechslung im Schlafzimmer.

»Es könnte einen dazu treiben, in einer Zeitung eine Anzeige zu veröffentlichen, ich denke dabei an diese verrückten Subkulturzeitungen«, sagte eine attraktive Angestellte einer Rechtsanwaltsfirma in Houston. »Meine würde lauten: ›Erfinderische Verzweifelte sucht einfallsreichen Sex. Unterwerfe mich den wildesten Ideen.‹ Ich werde das natürlich nie tun, aber es macht Spaß, sich so was auszudenken.«

Die Männer, die ganz begeistert davon sind, neue, sogar bizarre Dinge auszuprobieren, machen sich meistens Sorgen, wie wohl ihre Partnerinnen darauf reagieren werden. »Ich wäre unheimlich neugierig, darauf können Sie Gift nehmen«, gestand mir ein Ehemann aus Newton, Massachusetts. »Schon seit fünfzehn Jahren habe ich die Fantasie, einmal einen Schwanzring zu tragen. Immer, wenn wir miteinander schlafen, muß ich daran denken. Ich würde es zu gern einmal ausprobieren – und auch andere Sachen. Aber was wird sie dann von mir halten?«

Wenn man den Frauen, die ich interviewt habe, Glauben schenken darf, würden sie es wahrscheinlich herrlich finden. Frauen scheinen viel weniger vor Neuerungen im Geschlechtsverkehr zurückzuschrecken als die Männer. Sie sind sich der Tatsache bewußter, daß die Fantasie im Sexualleben eine große Rolle spielt. »Im Hinterkopf habe ich eine Liste von all den Dingen, die ich gern mal ausprobieren würde«, sagte eine leitende Angestellte in mittleren Jahren aus Hartford. Dann leuchteten ihre Augen auf. »... und sobald ich Gelegenheit dazu habe ...«

Haben Sie jemals einen Augenblick daran gezweifelt, daß die Frauen eine aktive, lebhafte Fantasie haben? Dann sollten Sie sich schnell Nancy Fridays Buch *Mein geheimer Garten: Die sexuellen Phantasien der Frauen* besorgen. Nancy Friday hat über hundert Frauen befragt und sie gebeten, ihr ihre Fantasien während des Geschlechtsverkehrs und der Masturbation zu schildern. Außerdem hat sie Zeitungsanzeigen veröffentlicht, in denen sie die Frauen dazu aufforderte, schriftliche Darstellungen ihrer intimsten Fantasien einzusenden. Dadurch hat sie über hundert bemerkenswert offene Schilderungen erhalten, die offenbaren, daß amerikanische Frauen eine unheimlich lebendige und einfallsreiche Fantasie haben.

Was geht in ihren Köpfen vor? Vieles – Vergewaltigung, Aussetzung auf einer einsamen Insel, Beherrschung, übergroße Genitalien, Fetischismen, Bestialität, Inzest, lesbische Liebe, Sex mit alten Männern, mit jüngeren Männern, mit berühmten Schauspielern und bekannten Athleten.

Es ist selbstverständlich klar, daß kaum eine Frau diese Vorstellungen wirklich ausleben möchte. Aber eine lebendige Fantasie vervollständigt durch ihre Einbildungskraft den sexuellen Akt und fügt noch eine erotische Komponente hinzu. Diese Frauen wollen nicht wirklich von einem scheußlichen Bösewicht gefressen und überwältigt werden – ihnen genügt die bloße Vorstellung. Wenn sie dazu in der Lage sind, teilen sie ihren Liebhabern diese Gedanken mit, und vielleicht wird er sie beim nächstenmal etwas fester anpacken.

Warum bewegen Männer sich nur zögernd von der Missionarsstellung weg und probieren, zum Beispiel, nicht mal ein wenig oralen Sex aus? Zum Teil liegt es immer an der selben alten Geschichte – der Unsicherheit. Je intensiver sie sich auf irgendwelche Neuheiten in ihrem Geschlechtsleben einlassen, desto unsicherer fühlen sie sich. »Natürlich habe ich schon darüber nachgedacht«, sagte mir ein verheirateter Mann. »Ich habe mir sogar schon Dinge ausgedacht, über die ich nie sprechen würde. Aber bis ich sie wirklich tue, ist es noch ein weiter Weg. Ich möchte dabei wirklich nicht erwischt werden.«

Ein weiterer Grund dafür, daß die Männer im Bett nicht abenteuerlustiger sind, ist ihre Angst, für pervers gehalten zu werden. Sie selbst halten sich nicht für fehlgeleitet, und sie wollen ganz bestimmt nicht, daß jemand anderer sie dafür hält.

»Sicher, es gibt hier alle möglichen Sorten von verrückten Vögeln«, sagte mir ein Wall-Street-Anwalt. »Aber das sind ganz sicher nicht die Leute, mit denen ich mich umgeben würde. Können Sie sich vorstellen, daß ich einen Lederriemen bei mir trage? Und ich kann mir meine Frau auch nicht in Unterhosen ohne Zwickel vorstellen.«

Komischerweise liegt einer der Hauptgründe, warum die Männer die ungewöhnlichen Dinge im Bett vermeiden, in ihrer Angst davor, daß ihre Frauen sich noch ein wenig mehr davon wünschen könnten. Diese Männer ziehen es vor, die Frauen, mit denen sie ihr Leben teilen, für Jungfrauen zu halten, auch wenn sie schon jahrelang mit ihnen geschlafen haben. Und natürlich ist die Beschränkung auf nur eine Form des sexuellen Verkehrs das beste Mittel, diese Illusion aufrecht zu erhalten.

Wenn man mit der Einstellung Liebe macht, daß an diesen Fantasievorstellungen irgend etwas nicht ganz richtig ist, kann man ebensogut versuchen, sich mit auf dem Rücken zusammengebundenen Händen die Schuhe zuzubinden. Die Fantasien einer Frau – und eines Mannes – gehören zum Liebesakt wie die Erektion und der Orgasmus. Wissenschaftler haben sogar festgestellt, daß die Erektion bei Männern und der Orgasmus bei Frauen hauptsächlich durch Fantasien ausgelöst werden. Allerdings können diese Vorstellungen völlig unbewußt ablaufen.

Warum also sollte man seine Fantasien unterdrücken und dadurch den Spaß verringern? Warum sollte man neue Verhaltensweisen vermeiden und es riskieren, ein langweiliger Liebhaber zu werden? Manche Männer glauben wirklich, daß eine sexuelle Aktivität ungesund und pervers sei, nur weil sie ihnen ungewöhnlich und bizarr erscheint. Das ist sie aber nicht. Was man tut, ist niemals pervers. Nur die Gründe für eine Handlung können pervers sein.

Der Mann, der sich seine Frau gelegentlich in einem Lederanzug wünscht und sie die Rolle der ›Herrscherin‹ spielen läßt, tut sich und ihr – solange sie diesen Akt genießt – einen Gefallen. Der Mann jedoch, der sich nur befriedigen kann, wenn er von einer solchen ›Amazone‹ ausgepeitscht wird, egal, um welche Person es sich dabei handelt, sollte schleunigst einen Therapeuten aufsuchen.

Der beste Weg, eine Beziehung, alt oder neu, zu beleben, besteht darin, neue sexuelle Möglichkeiten zu entdecken. »Wir wären schon lange geschieden, wenn wir nicht beide Lust dazu hätten, ungewöhnliche Dinge auszuprobieren«, sagte mir eine Hausfrau aus Miami, die im gleichen Atemzug gestand, daß sie es ab und zu schön fände, den Penis ihres Mannes mit Schlagsahne einzuschmieren. »Die Leute wären viel glücklicher, wenn sie, anstatt dauernd den Partner zu wechseln, mal die Dinge verändern würden, die sie mit ihren festen Partnern machen.«

MASTURBATION

Die meisten Männer glauben, die Masturbation sei etwas, das man sich für einsame Nächte aufspart. Dabei kann es sehr aufregend und intim sein, gemeinsam zu masturbieren. Schließlich bietet dies eine Gelegenheit dazu, die intimsten Erfahrungen miteinander zu teilen.

Eine Frau aus Boston schilderte mir ihre Erlebnisse mit der Masturbation als Teil des Liebesakts: »Vor kurzem habe ich zum erstenmal mit einem Mann geschlafen, der viel jünger als ich war. Nach einer Weile hat er mich gefragt, ob es mir etwas ausmachte, wenn ich ein wenig vor ihm masturbierte. Er sagte, er hätte noch nie eine Frau masturbieren sehen und er stelle es sich sehr sexy vor. Ich antwortete ihm, daß ich es tun würdc, aber nur unter der Bedingung, daß er dasselbe machte. Wir lagen also im Bett und berührten uns selbst ohne den geringsten gegenseitigen Körperkontakt. Die ganze Intimität lag im Augenkontakt. Ich hatte einen so starken Orgasmus, ich dachte, ich könnte ihn sehen. Ihm ging es genauso, fast gleichzeitig. Er hatte recht gehabt, es war *sehr* sexy.«

FOTOGRAFIEREN

»Viele Frauen hegen den Wunsch, einmal ein Modell zu sein«, sagte mir ein Mann, der gern im Bett fotografierte. »Solange es nicht beim Liebesakt stört, kann das Fotografieren richtig aufregend sein.« Wenn Sie einen Selbstauslöser besitzen und ein wenig Sinn für Dramatik haben, können Sie sich sogar *in flagrante delicto*, beim Akt selbst, festhalten.

Benutzen Sie am besten eine Polaroidkamera, in der die Bilder sofort entwickelt werden. So gehen Sie sicher, daß niemand die Bilder ein zweitesmal entwickeln kann, und sie können beide das Ergebnis sofort begutachten. Es wäre ratsam, ihr die Bilder zu geben, wenn sie fertig sind. Auf diese Weise kann sie sicher sein, daß keine unerwünschte Person sie zu sehen bekommt.

Wenn Sie merken, daß Ihre Partnerin den Exhibitionismus dieses Spieles genießt, und wenn Sie zufällig ein Videogerät mit Kamera besitzen, versuchen Sie doch, Ihren eigenen privaten Pornofilm zu drehen. Er wird sicher nicht dem Hollywoodstandard entsprechen, aber Sie können selbst darüber lachen, wenn Sie ihn sich gemeinsam ansehen, oder – besser noch – beide wieder Lust bekommen, eine lebensechte Wiederholung zu inszenieren.

PORNOGRAPHIE

Viele Männer denken, daß Frauen sich von der Pornographie abgestoßen fühlen. In gewisser Weise stimmt das, denn viele Frauen reagieren mehr auf Worte als auf Bilder. Eine junge Schriftstellerin aus New York sagte dazu: »Während Männer auf Bilder anzusprechen scheinen, können Frauen viel mehr mit erotischen Passagen in Romanen etwas anfangen. Warum, glauben Sie wohl, werden die Gothics so gern gelesen?«

Kinsey dagegen behauptet, daß Frauen eher als Männer durch erotische Filme *und* erotische Literatur sexuell erregt werden. Männer jedoch neigen eher dazu, dieses Material zu *kaufen*, da Frauen sich meistens in Sexläden und Kinos unwohl fühlen.

Die beste Lösung wäre es, sie dabei zu begleiten. Sie werden überrascht sein, wie das Beobachten von *anderen* Leuten während des Liebesaktes eine sexuell veranlagte Frau selbst in Stimmung versetzen kann. »Ich erinnere mich, wie ich einmal mit einer Freundin in der Gegend von Georgetown spazierengegangen bin«, erzählte mir der Assistent eines Kongreßabgeordneten. »Ich war verrückt darauf, mit ihr ins Bett zu gehen, aber ich war nicht sicher, ob *sie* Lust dazu hatte. Ihre Signale waren sehr verwirrend. Wir gingen nach dem Abendessen spazieren und suchten ein Kino. Da kamen wir plötzlich an einem Filmtheater vorbei. Sie ging hin und schaute sich die Bilder neben der Kasse an. Dann sagte sie: ›Den will ich sehen.‹ Der Film hieß: *Hinter der grünen Tür*. Ich war sehr überrascht, dies schien ein positives Signal zu sein! Um die Wahrheit zu sagen, der Film war miserabel, aber was wir hinterher im Bett gemacht haben, hätte den Oskar verdient.«

SEXUELLES SPIELZEUG

Zwei nackte Körper bieten einander so viele Möglichkeiten zu physischen und emotionalen Genüssen, daß es eigentlich nicht erforderlich sein sollte,zusätzliche Hilfsmittel zu benutzen. Das könnte man wenigstens denken, aber wir sind offenbar nicht die erste Gesellschaft, die versucht hat, das Schönste, was die Natur zu bieten hat, noch zu verbessern. Archäologen haben im antiken Griechenland, mittelalterlichen Japan und in Afrika Sexstimulanzien gefunden.

Wenn Sie glauben, daß der Gebrauch von neuen sexuellen Hilfsmitteln Sie abartig machen würde, sollten Sie sich bewußt machen, daß vierzig Prozent der im *Rotbuch* erfaßten Personen angaben, zumindest gelegentlich erotische Bücher, Bilder oder Filme zur sexuellen Stimulation zu benutzen. Und zwanzig Prozent haben schon einmal Vibratoren, Öle, Federn oder andere Objekte während des Geschlechtsaktes in Anspruch genommen.

Das bekannteste sexuelle Spielzeug ist der Vibrator. Es gibt verschiedene Arten von Vibratoren. Einige passen außen auf die Hand und übermitteln ihre Vibrationen *durch* Hand und Finger dem Körper. Andere sind verwandelbar und werden mit vielen Zusatzteilen geliefert. Die am meisten gebrauchte Form ist ein langer zylindrischer Vibrator, den eine Frau ›den besten Penisersatz für die mechanisierte Gesellschaft‹ nannte.

Vibratoren sind nicht nur ein Ersatz für den männlichen Phallus, wenn die Frau allein lebt, sie helfen allgemein bei dem Problem, den Geschlechtsverkehr länger auszudehnen, als es normalen sterblichen Männern möglich ist. Im *Rotbuch* von 1975 gaben neunundreißig Prozent aller befragten Frauen an, daß sie während des Liebesakts die Vorteile eines Vibrators nützen.

Wenn Sie die Möglichkeit von Sexspielzeug erwähnen und Ihre Partnerin Interesse zeigt, überlegen Sie, ob Sie nicht mit ihr in einen Spezialladen gehen sollen, wo solche Spielsachen verkauft werden. Allein schon dieser Besuch könnte eine Frau reizen, die bisher vor dergleichen zurückgeschreckt ist. Lassen Sie Ihre Partnerin zwischen all den fantasievollen Dingen wählen, zwischen französischen Kitzlern (Penishüllen aus Gummi, mit Stacheln besetzt, die eine Frau bis zum Wahnsinn erregen können, Schwanzringen, Leder-, Metall- oder Gummiringe, die man über den Penis und die Hoden zieht, um die Sensivität zu erhöhen und die Erektion zu verlängern) sowie Lederkleidung, Gürtel und Harnische. Zumindest werden Sie sich zusammen mit Ihrer Partnerin amüsieren – wenn schon sonst nichts dabei herauskommt.

Die Fantasie kann das Sexualleben der Menschen verändern. Ich kenne eine Frau namens Christina, eine üppige Blondine aus dem Mittelwesten, die enge Pullover trägt und wie Lana Turner aussieht. Sie studierte gerade Medizin, als sie sich bis über beide Ohren in Enrico, einen graduierten Studenten aus Argentinien, verliebte.

Als wir eines Tages miteinander Kaffee tranken, wurde sie plötzlich nervös. »Es ist mir ein bißchen peinlich, das zu sagen – aber ich würde schrecklich gern einmal Meister-Sklaven-Spiele ausprobieren.«

»Und welche Rolle willst du dabei spielen?« fragte ich und versuchte, meine Verwunderung zu unterdrücken.

»Ich will eine Sklavin sein. Ich hatte schon immer das Verlangen, das zu versuchen, und ich glaube, ich sollte es tun. Wenn ich es nicht ausprobiere, werde ich immer denken, hätte ich es doch gemacht. Ich spiele mit dem Gedanken, eine Anzeige zu beantworten.«

Sie zeigte mir den Teil einer Zeitung, in dem persönliche Kontaktgesuche standen. Eine Anzeige war rot angestrichen: *»Gutaussehender Mann bietet sanften Sadismus. Fessele willige Frau und schlage ihr kräftig auf den Hintern.«*

»Du machst wohl Witze«, sagte ich und sah sie entsetzt an. »Das kann sehr gefährlich werden.«

»Vielleicht, ein wenig.«

»Ein wenig?«

»Na ja, das ist ja der Grund, warum ich dir davon erzähle. Ich dachte, daß du vielleicht bereit bist, an dem Abend bei deinem Telefon zu bleiben, so daß ich dich gleich anrufen könnte, wenn etwas schiefgehen sollte.«

»Was kann dir das nützen, wenn er dich gefesselt hat und anfängt, dir wirklich weh zu tun? Er wird dir wohl kaum das Telefon herüberreichen! Hast du Enrico gefragt? Vielleicht kannst du es mit ihm ausprobieren.«

»Ich habe es ihm vorgeschlagen, aber er hat nur gelacht. Ich glaube, in Argentinien gibt es nicht so viele Meister-Sklaven-Spiele.«

»Warum versuchst du es nicht noch einmal? Es ist immer noch besser, als sich von einem Verrückten fesseln zu lassen.«

Christina bat Enrico noch einmal, es mit ihr zu versuchen, und zu ihrer Überraschung sagte er ja. Sie war sehr erstaunt (und er wahrscheinlich noch mehr), daß es ihm sogar gefallen hat.

»Es hat unsere Beziehung sehr verbessert«, sagte sie mir einige Wochen später. »Unser Sex war allmählich langweilig geworden, und das war genau das, was wir jetzt brauchten. Es hat viele Dinge zwischen uns belebt. Es gibt nur noch ein kleines Problem.« Sie lachte leise. »Jetzt würde ich gern Enrico fesseln.«

11.
Was man von Profis lernen kann

Während meines Studiums spielte ich zweimal die Woche mit meinem Freund Roger aus Ohio, Columbus, Tennis. Was mich an ihm immer überraschte – abgesehen von seiner ausgezeichneten Rückhand – war die Tatsache, daß er immer ungeheuer viel Geld zu besitzen schien. Während ich gewöhnlich nicht einmal genug Kleingeld bei mir hatte, schien er sein Geld nicht schnell genug ausgeben zu können. Ich konnte gerade das Schulgeld aufbringen. Roger dagegen war immer gut angezogen, fuhr einen Porsche und hatte ständig eine schöne Frau am Arm.

Ich hatte keinen Grund anzunehmen, daß er Privatvermögen besaß. Und soweit ich es feststellen konnte, arbeitete er auch nicht nebenbei. Es war eine mysteriöse Angelegenheit. Wo bekam Roger all das Geld her?

Eines Nachts, als wir gerade mitten im zweiten Examen standen, lüftete er das Geheimnis.

Es war ungefähr zwei Uhr morgens. Wir waren

seit dem vergangenen Vormittag dabei, verschiedene Rechtsfälle zu studieren. Schließlich beschlossen wir, damit fürs erste aufzuhören und noch in eine Bar zu gehen. Vielleicht lag es an dem Examensdruck, der ihm zu schaffen machte, oder wollte er ein wenig vor mir angeben, oder vielleicht mußte er es auch nur einmal loswerden.

Jedenfalls verkündete Roger mir über einem Glas Scotch on the Rocks, daß er sehr wohl einen Halbzeitjob hätte: er bezahlte sein Studium, indem er sich selbst verkaufte. Roger war ein Gigolo.

Ich hatte vorher kaum einen Gedanken an Gigolos verschwendet. Ich glaube, damals stellte ich mir vor, daß Gigolos sündteure Sportwagen fuhren, Goldketten und Seidenhemden trugen, die Haare mit Pomade zurückkämmten und meilenweit nach billigen Parfüms rochen. Ich brachte sie bestimmt nicht mit juristischen Fakultäten und Tennisplätzen in Verbindung – und schon gar nicht mit Columbus, Ohio.

»Ich hatte nie geglaubt, daß es wirkliche Gigolos gibt«, sagte ich. »Man kann jeden Tag Straßendirnen sehen, aber die Gigolos sind unsichtbar. Zumindest weiß man nicht genau, ob es sie gibt.«

»Nun, Gigolos sind nicht das gleiche wie weibliche Prostituierte«, antwortete Roger. »Frauen suchen im Sex etwas anderes als Männer. Ein Mann geht los und sucht Sex für eine Nacht. Eine Frau zieht es vor, sich einen Mann zu ›halten‹. Sie fängt zum Beispiel damit an, seine Rechnungen zu bezahlen, sich um ihn zu kümmern, und er zahlt es ihr in Form von Sex zurück. Es gibt natürlich auch Gigolos, die eine Frau nur eine Nacht lang bedienen, das heißt, die auf dieser Basis arbeiten. Aber die meisten sind in Wirklichkeit ausgehaltene Männer.«

Nachdem ich Rogers Eröffnung einigermaßen verdaut hatte, starb ich fast vor Neugier. Wie lange schon? Wie oft? Wieviel? Aber vor allem, warum?

»Ich bin ein wenig durch Zufall zu diesem ›Beruf‹ gekommen«, erzählte er mir. »Es begann mit der Geschäftspartnerin der Rechtsanwaltsfirma, in der ich letzten Sommer als Angestellter gearbeitet habe. Sie war so um die Fünfundvierzig und honigblond. Sexy, weißt du? Ich habe schon immer auf ältere Frauen gestanden. Einen Abend haben wir länger gearbeitet, und sie hat mich hinterher zum Essen eingeladen. Wir tranken zwei Flaschen Wein. Sie lud mich ein, noch mit in ihre Wohnung zu kommen, und eins führte zum anderen, bis wir schließlich die Regeln des vorschriftsmäßigen Büroverhaltens brachen. Als ich am nächsten Morgen nach Hause kam, fand ich in meiner Hosentasche drei Hundertdollarscheine. Es dauerte nicht lange, bis sie mich einigen ihrer Freundinnen vorgestellt hat. Ich hatte eine viel bessere Kundenliste als die Firma.«

»Warum?«

»Nun, das Geld ist natürlich spitze. Nicht einmal Rechtsanwälte verdienen soviel. Aber das Geld wäre nicht entscheidend, wenn ich mich dabei nicht so wohl fühlen würde. Ja, das stimmt. Es gibt mir ein gutes Gefühl. Die meisten dieser Frauen sind unglücklich. Sie sind mit Langweilern verheiratet. Nie sind sie richtig befriedigt – sexuell, meine ich. Sie kommen zu mir, um diese Befriedigung zu erhalten – die Aufmerksamkeit, Zuneigung, weißt du, all das, was sie woanders nicht finden können. Mir macht das wirklich Spaß.«

Ich bin heute noch mit Roger befreundet. Sein Beruf hat sich geändert. Er arbeitet nun als Rechtsanwalt in Chicago. Als ich ihn das letzte Mal sprach, erzählte er mir: »Wir haben gerade unser drittes Kind bekommen.« Roger ist seit sechs Jahren mit ein und derselben Frau glücklich verheiratet.

Aber seine Geschichte ging mir nicht aus dem Sinn. Ich begann mich zu fragen, ob wir nicht etwas von den Gigolos in bezug auf die sexuelle Liebe lernen könnten.

Ein sehr erfolgreicher ›Callboy‹ aus Chicago erzählte mir: »Man muß erreichen, daß eine Frau sich mit sich selbst wohl fühlt. Wenn sie zu mir kommt, versuche ich ihr das Gefühl zu geben, sie sei die schönste, die begehrenswerteste Frau der Welt. Einige meiner Kundinnen sind schon in fortgeschrittenem Alter. Sie sind zwanzig, dreißig, manchmal sogar vierzig Jahre älter als ich. Das wirkt sich oft ungünstig aus, besonders im Bett. Sie möchten sich einfach schön fühlen, und je unattraktiver sie sind, desto mehr wollen sie dieses Gefühl haben.

Ich fange damit an, daß ich ihnen etwas Einfaches, Nettes sage, zum Beispiel ›Du riechst aber gut‹ oder ›Deine Brustwarzen sind wirklich schön‹. Schon bald darauf kann ich etwas dicker auftragen. Ich sage ihr: ›Du, das macht mich wirklich an.‹ ›Du bist wunderbar.‹ ›Ich will nicht, daß das hier je aufhört.‹ So in der Art. Es tut ihr gut, und sie entspannt sich.

Die Nacht kann sehr lang werden, wenn sie viele Hemmungen hat.

Zu Anfang wird sie mir wahrscheinlich nicht glauben. Sie wird sich einreden, daß ich es nur wegen des Geldes machen würde. Man kann es an ihrem Gesicht ablesen. Aber nach einer Weile gelingt es mir meistens, sie dazu zu bringen, die Situation zu genießen. Früher oder später lassen sie sich darauf ein, mir zu glauben, weil sie mir im Grunde glauben wollen.

Und manchmal glaube ich mir sogar selbst. Ja, ich kann mich tatsächlich in den meisten Fällen hineinsteigern. Wissen Sie, dann ist das nicht mehr nur ein bezahlter Akt. Plötzlich *fühle* ich mich zu ihr *hingezogen*. Ich bin sehr gern mit Frauen zusammen. Ich genieße ihre Gesellschaft. Es ist sehr schön, mit ihnen zu reden, die Zeit mit ihnen zu verbringen. Ich wette, daß mich die Frauen vor allem deshalb sexy finden – weil ich wirklich auf sie stehe, in vieler Hinsicht.«

Sean, einer von New York Citys meistgefragten und bestbezahlten Professionellen, arbeitet für eine Agentur und hat sich darauf spezialisiert, sexuelle Fantasien von Frauen zu erfüllen.

»Sie würden nicht glauben, woran einige Frauen denken, wenn sie mit jemandem schlafen«, erzählte er mir. »Die Person, die sich da unten befindet (er deutete zwischen seine Beine), ist fast nie die gleiche Person wie hier oben (er deutete auf seine Stirn). Unten mag sich ein Ehemann oder Liebhaber befinden, aber oben im Kopf hat sie einen Collegeprofessor, der sie mal unterrichtet hat, einen Schmierenkomödianten oder sonst eine berühmte Persönlichkeit. Normalerweise ist es immer wieder dieselbe Fantasie, manchmal mit zwei oder drei kleinen Abweichungen. Es wird zur Gewohnheit. Sie *muß* daran denken, um zum Orgasmus zu kommen.«

Ich fragte nach Beispielen.

»Herrschaftsfantasien sind groß im Rennen. Irgendso ein Typ, den sie tags zuvor in der U-Bahn oder auf der Straße gesehen hat, taucht plötzlich in ihrem Schlafzimmer auf, wenn sie spät nachts allein im Bett liegt. Er reißt ihr die Kleider vom Leib, fesselt sie, zwingt sie, an seinem Penis zu lutschen, ihn ›Herr‹ zu nennen und läßt sie um Liebe betteln. Das ist eine Standardfantasie.

Eine Frau kann über zehn Jahre lang exakt dieselbe Fantasie haben und wird sich immer noch schämen, ihrem Mann etwas davon zu sagen. Sie hat Angst, er würde davon nicht begeistert sein. Ich weiß es nicht, vielleicht hat sie recht. Aber wenn ich an ihrer Stelle wäre, würde ich ihn geradewegs fragen, ob er nicht an dem Spaß teilhaben wolle. Wenn er keine Lust dazu hat, ich meine, wenn er sich wirklich dagegen sträubt – nun gut, das ist ein anderes Problem.

An diesem Punkt rufen sie dann meine Agentur an. Die Agentur zeichnet die ganze Geschichte auf, in allen Details, und überreicht sie dann mir. Ich weiß dann genau, was ich tun, welche Rolle ich spielen soll. Ein Vorteil bei einer solchen Agentur ist es, daß die Kundinnen keine Angst vor mir haben. Sie wissen, daß ich kein abartiger Verrückter bin und es ist ihnen ebenfalls klar, daß ich nicht das gleiche von ihnen denke. Ich würde nie an der falschen Stelle lachen. Schließlich verdiene ich mir damit meinen Lebensunterhalt. Die Frauen können sich vorstellen, daß ich bei meiner Arbeit schon verrücktere Dinge erlebt habe – und das stimmt meistens.

Ich glaube, die meisten Menschen können gar nicht verstehen, was es für eine Person bedeuten kann, endlich eine Fantasie auszuleben, die sie schon über dreißig Jahre lang jede Nacht beschäftigt hat. Ich bin immer ganz begeistert, wenn ich die Freude sehe, die ich ihnen bereite. Manchmal ist es eine Sache, die nur einmal im Leben passiert.«

Ich fragte Sean, ob er sich denn an eine dieser Fantasien besonders lebhaft erinnerte. Er zögerte.

»Da war einmal diese eine Frau – sie war ungefähr fünfzig –, die sich immer vorstellte, sie sei

Cheerleader* bei einem Collegefootballteam. In ihrer Fantasie lungerte sie nach dem Spiel auf dem Platz herum und wartete auf drei Spieler. Diese drei würden sie in einer dunklen Ecke neben dem Spielfeld überraschen. Sie würden noch die schmutzigen, verschwitzten Uniformen tragen.

Sie hatte wirklich alle Details ausgearbeitet. Sie selbst würde keine Unterhosen tragen, sondern einfach nur ihren Rock hochheben. Dann würde einer nach dem anderen in sie eindringen, während sie einfach nur da stünde. Danach – sie trägt immer noch ihre Cheerleader-Uniform – würde sie mit einem Geschlechtsverkehr haben, den nächsten mit dem Mund und den dritten mit der Hand befriedigen. Das ist doch etwas.

Diesen Fall hat die Agentur gut vorbereitet. Sie befahl uns allen dreien, an dem Tag nicht zu duschen. Sie hat uns sogar die Football-Trikots besorgt, und in der Nacht sind wir im Hotel die ganze Fantasie Schritt für Schritt durchgegangen. Es war ein Bombenerfolg. Ich wette, sie lächelt heute noch, wenn sie daran denkt.

Sicher hat sie diese Nacht ein Vermögen gekostet. Zu Anfang war sie wahrscheinlich ein bißchen nervös – so mit drei Kerlen umzuspringen! Und wir in unseren Football-Trikots wurden in der Hotelhalle ganz schön angestarrt. Aber was soll's?

---

* Riegenführerin einer amerikanischen Mädchengruppe, die bei Football-Spielen die Zurufe der Zuschauer organisiert. *Anmerkung der Übersetzerin.*

Das war vielleicht die schönste Nacht im Leben einer Frau. Und ich fand es toll, daß ich dabei war.«

Jim lebt in einer luxuriösen Hotelsuite in Atlanta, die ihm eine reiche Witwe bezahlt. Er sagt: »Wenn die Leute herausfinden, daß ich ein ausgehaltener Mann bin, denken sie gleich, daß ich sehr gut ausgestattet sein muß. Schließlich ist Sex ja meine Kapitalanlage, nicht wahr? Ich erzähle Ihnen ein Geheimnis. Mein Penis ist nicht groß. Erigiert mißt er dreizehn Zentimeter – ein wenig unter dem Durchschnitt.

Aber viele Männer mit einem großen Penis sind lausige Liebhaber. Sie nehmen sich nicht genug Zeit, reden irgendwelchen Unsinn. Sie glauben selbstverständlich, daß die Frauen alles, was sie tun, umwerfend finden. Sie wissen nicht, daß ein großer Penis Frauen manchmal weh tun kann, besonders, wenn sie noch nicht bereit zur Liebe sind.

Natürlich gibt es einige Frauen, die Männer mit großen Schwänzen mögen. Aber ich glaube, das ist die Ausnahme, nicht die Regel. Ich weiß ganz sicher – aus eigener Erfahrung –, daß ein kleiner Penis eine Frau genausogut erregen kann wie ein großer. Man muß nur wissen, wie man ihn richtig gebraucht. Ein Mann, der mangelhaft ausgerüstet ist, muß das durch ein verlängertes Vorspiel wettmachen – muß Hände und Zunge einsetzen. Vielen Frauen kommt es sowieso nicht beim Koitus.

Ich würde nicht sagen, daß das ein Vorteil ist. Viele Frauen, die mich zum erstenmal ohne Kleider sehen, sind ein wenig enttäuscht, aber das dauert nicht lange.«

Ein kräftig gebauter, braungebrannter, blonder Gigolo aus Los Angeles, der sich gelegentlich im Hintergrund von solchen Theatervorstellungen wie *Love Boat* und *Duke of Hazard* aufhielt, erzählte mir, daß seine gegenwärtige Dame, eine Filmgröße der vierziger Jahre, nicht eigentlich Sex von ihm wolle. »Sex stößt sie ab«, sagte er. »Die meiste Zeit möchte sie nur ihren Kopf an meine Schulter legen. Sie will, daß ich sie festhalte.

Sie weiß, daß sie Sex haben kann, wenn sie es will. Ich tue alles, was sie sich wünscht. Das war von Anfang an so ausgemacht. Aber ihr scheint das schon zu genügen – das Bewußtsein, es könnte sein. Ich habe schon manche Nacht mit ihr verbracht, in der ich sie nur im Arm gehalten habe, für eine Weile eingeschlafen bin, sie wieder an mich gedrückt habe und wieder eingeschlafen bin. Das ist gar nicht schlecht. Es macht den Sex schöner. Ich meine, wenn man ihn dann hat. Viel intensiver, denn er ist nicht so automatisch. Und noch etwas, das die meisten Männer nicht wissen – wenn man die Frau mitten in der Nacht, wenn beide schon ein wenig geschlafen haben, aufweckt, ist der Sex wirklich großartig.«

Ich fragte Jim, einen zweiunddreißigjährigen Gigolo aus New York, ob es irgendwelche Besonderheiten gäbe, die seine Kundinnen häufiger von ihm forderten – ob er mit mir ein wenig über seine ›Geschäftsgeheimnisse‹ plaudern würde.

Er dachte kurz nach, dann sagte er: »Viele Frauen mögen es gern, wenn ich ihnen, kurz bevor es ihnen kommt, ganz leicht den Finger in den Anus stecke. Das macht sie ganz wild.«

»Haben sie noch nie nach analem Geschlechtsverkehr verlangt?«

»Ja, einige. Vielleicht eine von vieren.«

»Wie weißt du denn, ob sie es wollen?«

»Das ist normalerweise einfach. Sie heben ihre Hüften ziemlich weit vom Bett hoch.«

»Haben sie keine Angst, daß es ihnen weh tun könnte?«

»Ja, schon, wenn sie es vorher noch nie gemacht haben. Aber wenn man dabei ganz sanft vorgeht, kann es eigentlich nicht besonders weh tun, vor allem dann nicht, wenn sie entspannt ist. Das heißt, man kann es natürlich nicht sofort machen. Es geht erst, wenn man schon eine Zeitlang Liebe gemacht hat. Außerdem haben die meisten Frauen gar nichts gegen ein wenig Schmerz, solange es ihnen nicht zuviel wird.«

Rick, ein sehr gefragter New Yorker Gigolo, hat eine Zeitlang als Vorstopper bei einer bekannten Baseball-Mannschaft gespielt und besitzt heute noch den Körperbau und die Haltung eines professionellen Athleten. Im Gegensatz zu seinem Kollegen Sean überläßt Rick der Frau alle Initiativen, wenn er sicher ist, daß sie es sich wünscht. »Ich sage ihr nur, daß ich zu ihrer Verfügung stehe«, sagt er. »Was sie glücklich macht, wird auch mich glücklich machen.

Zu Anfang wollen viele Frauen keine Anweisungen geben. Aber nach einer gewissen Zeit gewöhnen sie sich daran. Wenn sie nicht irgendwo das Verlangen hätten, die Dinge unter Kontrolle zu halten, würden sie nicht dafür bezahlen. Macht ist für sie ein großer Erregungsfaktor – etwas, das sie beim Sex nicht häufig erleben. Sie sind begeistert von der Vorstellung, mich da zu haben und mich alles tun zu lassen, was sie von mir verlangen – oder alles mit mir zu tun, was ihnen einfällt. Wenn sie es wollen, spiele ich sogar die Sklavenrolle.«

»Was wollen denn diese Frauen von Ihnen?«

»Fast jede Frau wünscht sich Cunnilingus. Wie ich das so erlebt habe, gibt es nur wenig Männer, die sich mit oralem Sex befassen. Frauen lieben das, aber sie scheinen nicht viel davon zu bekommen. Ich glaube, das ist einer der Gründe, warum so viele Frauen zu mir kommen. Bei mir haben sie keine Angst, danach zu fragen.«

Ich erhielt noch mehr von solchen Ratschlägen von einem Mann aus Palm Beach, der aussah wie ein italienischer Filmstar der fünfziger Jahre und auch einen solchen Akzent sprach. Solche Männer werden häufig in teuren Restaurants und Klubs gesehen und tauchen immer an der Seite einer attraktiven, silberhaarigen Frau auf.

»Man muß wissen, wann es an der Zeit ist, ihr

die Szene zu überlassen«, sagte er. »Viele Leute glauben, ich hätte soviel Erfolg, weil ich sie einfach auf den Rücken lege und alles für sie mache. Das stimmt überhaupt nicht. Im Gegenteil, ich habe so großen Erfolg, weil ich sie alles mit *mir* machen lasse. Das mögen sie viel lieber. Man muß das ganz schnell lernen und immer wachsam sein. Wenn man die Sache antreibt, wo eigentlich *sie* die Initiative übernehmen möchte, hat man bald eine sehr unglückliche Liebhaberin.

Man muß auch darauf vorbereitet sein, die Dinge wieder in die Hand zu nehmen, wenn sie es will. Ich versuche dann immer, sie zu fragen, ob *ich* wieder die Anweisungen geben soll. Ich sage ihr, sie soll ihren Mund gebrauchen, dies oder jenes mit ihrer Zunge machen, eben solche Dinge tun. Glauben Sie mir, ich lasse sie wirklich wissen, wieviel Freude sie mir damit bereitet. Ich sage ihr immer wieder, wie gut sie zu mir ist.«

Ein bezahlter Liebhaber aus Chicago beschrieb mir seine Spezialität: »Massage. Darin bin ich am besten. Und das ist auch das, was meine Kundinnen von mir verlangen. Damit meine ich nicht die übliche Massage – die Art, die sie in jedem Schönheitssalon bekommen können. Ich meine *sexuelle* Massage.«

Ich fragte ihn, worin denn der Unterschied bestünde.

»Eine sexuelle Massage führt langsam zu den erogenen Zonen, aber hört kurz vor dem Sex auf.«

Verwirrt bat ich um eine nähere Beschreibung.

»Nun, meistens gebrauche ich ein Öl. Ich mag ein leichtes Salatöl lieber als Babyöl, weil es nicht so schnell in die Haut einzieht. Am besten sind Mandel-, Avocado- oder Olivenöl. Wenn man ein paar Tropfen Parfüm hineinmischt, riechen sie besser. Dazu benutze ich immer mein eigenes Parfüm, damit sie hinterher nach mir riecht. Frauen sind ungeheuer empfindlich, was Gerüche angeht. Auf diese Art wird sie sich an mich und an das, was ich für sie getan habe, erinnern.

Manchmal erhitze ich das Öl etwas. Dabei muß man sehr vorsichtig sein und es nicht zu heiß werden lassen – man kann sich leicht verbrennen. Ich probiere es immer vorher mit ein paar Tropfen an meinem Handgelenk aus. Dann streiche ich es auf ihren Körper.

Wenn die Massage einmal angefangen hat, sollte man nie aufhören, nicht einmal eine Minute lang. Wenn ich mir etwas mehr Öl auf die Hände streichen möchte, bleibe ich dabei neben ihr liegen und lege ein Bein über sie oder etwas Ähnliches. Der Kontakt darf nicht unterbrochen werden. Wenn ich sie einmal loslasse, ist es aus mit dem Zauber.

Ich arbeite in drei Stufen.

Die erste Stufe beginnt bei den nichterogenen Zonen – dem Nacken, den Waden, dem oberen Rücken. Diese Körperteile werden richtig durchgewalkt.

Dann gehe ich zu Partien über, die nicht wirklich erogen, aber nahe daran sind. Wie der Bauch zum

Beispiel, die inneren Schenkel, die Ohren, die inneren Ellbogen und die Kniekehlen.

Schließlich wende ich mich den erogenen Zonen zu – da besonders den Brüsten, den Brustwarzen, der Vagina. Hier geht es immer noch um eine Massage. Das ist wichtig, denn auf diese Art kann sie langsam erregt werden, ohne zu schnell zu geil zu sein – jedenfalls noch nicht an diesem Punkt.«

Ich fragte ihn, ob er eine spezielle Technik empfehlen könnte.

»Bei den Brustwarzen sollte man beide Daumen nebeneinanderlegen und eine Brustwarze in die Mitte nehmen. Dann reibt man die Daumen in entgegengesetzter Richtung. Das macht man langsam, lange Zeit und verändert dabei immer die Position, rund um die Brustwarze herum. Glauben Sie mir, das wird ihr gefallen.

Bei der Vagina habe ich auch eine ganz besondere Methode. Wenn die Scheide noch nicht auf natürliche Weise feucht geworden ist, beginnt man damit, sie mit den Händen einzuschmieren. Als erstes drücke ich meinen Daumen auf die Stelle zwischen Vagina und Anus. Das allein fühlt sich schon sehr schön an.

Dann streiche ich mit beiden Daumen direkt die inneren Schamlippen hoch. Ich trenne beide Daumen und fahre an den äußeren Schamlippen wieder nach unten. Danach kommen beide Finger bei den inneren Lippen wieder zusammen und kehren zum Anfangspunkt zwischen Anus und Vagina zurück. Das wiederhole ich so lange, bis sie so erregt ist, daß sie es nicht mehr aushalten kann. An diesem Punkt endet die Massage, und der eigentliche Akt beginnt.«

»Wenn es etwas gibt, was Frauen wirklich mögen, ist es bleibende Manneskraft«, sagte ein fünfunddreißigjähriger Mann aus Los Angeles, der seit seinem achtzehnten Lebensjahr von Frauen ausgehalten wurde. »Besonders wenn eine Frau die Fähigkeit zu multiplen Orgasmen besitzt, ist sie darauf angewiesen, daß man seine Erektion lange genug aufrecht erhalten kann. Das bedeutet manchmal zwanzig bis dreißig Minuten oder noch länger. Nun ist es schwierig, so lange so hart zu bleiben, ohne zu kommen. Aber ich habe es gelernt.

Die einzige Art, wie man es erreichen kann, besteht darin, selber multiple Orgasmen zu haben. Die meisten Männer wissen nicht, daß es nicht dasselbe ist wie ein Orgasmus, wenn es ihnen kommt. Der Orgasmus ist das pulsierende Gefühl im Penis, das beim Ejakulieren entsteht. Aber man muß nicht unbedingt ejakulieren, um dieses Gefühl zu verspüren. Man kann es drei-, vier-, fünfmal, ja sogar öfter haben, bevor es einem wirklich kommt. Man kann es tatsächlich auch noch mehrere Male wiederholen, aber ich finde, der Orgasmus ist nach einer solchen Häufigkeit kein so großer Genuß mehr wie bei nur drei oder vier Höhepunkten.

Für sie ist es natürlich großartig, denn man bleibt viel länger hart dabei – sehr viel länger. Und für mich ist es auch ein tolles Gefühl, denn ich selbst gewinne auch viel mehr Freude daran.«

»Wie kann man denn solche ›multiplen‹ Orgasmen erreichen?«

»Ich habe zwei Möglichkeiten. Bei der einen denke ich in dem Moment, wo ich die Ejakulation spüre, an etwas anderes, an etwas, das überhaupt nichts mit Sex zu tun hat. Bei mir hilft es immer, an die Weltnachrichten zu denken. Manchmal mache ich es so ähnlich, wie man den Druck auf der Blase zurückhält. Es ist so, wie wenn man ganz dringend aufs Klo muß und den Urin nur durch die Beherrschung der Blase zurückhalten kann. Wenn man also in dem Moment, in dem die Ejakulation kommt, den Samen genauso zurückzuhalten versucht wie den Urin, kommt es einem nicht. Es klingt schwerer, als es wirklich ist. Mit ein wenig Übung schafft man es ganz bestimmt.«

Mein Freund Henry hat noch einen abschließenden Rat: »Alles, was ich unternahm, diente dazu, daß eine Frau sich anerkannt und gewürdigt fühlte. Ich gab ihr das Bewußtsein, daß ich auch ohne Geld mit ihr Liebe machen würde.

Am Ende eines Abends boten die Frauen mir gewöhnlich ein Trinkgeld an. Das habe ich immer abgelehnt. Ich sagte ihnen: ›Nein, es war *mein* Vergnügen.‹ Ich wollte, daß sie glaubten, es gäbe auf der ganzen Welt niemanden, mit dem ich diese Nacht lieber verbracht hätte. Nachdem ich sie verlassen hatte, sollten sie sich an die Nacht erinnern, indem sie den Austausch von Zärtlichkeiten im Gedächtnis behielten und nicht die finanziellen Transaktionen.«

Wenn die Männer es für eine Monatsmiete machen können, wieviel einfacher sollte es für sie sein, es aus Liebe zu tun!

12.
Die Liebe lebendig erhalten

Vergessen Sie einmal alles, was Sie über das Wort *Spannung* gehört haben. Stellen Sie es sich nicht als einen anderen Ausdruck für Streß und Gereiztheit vor, sondern betrachten Sie die Spannung einmal als eine positive Kraft.

In der Natur drückt ein Spannungszustand das Gleichgewicht zwischen zwei Kräften aus. Wenn zum Beispiel zwei Planeten eine gegenseitige Anziehungskraft ausüben, herrscht zwischen ihnen eine Spannung. Wenn einer der beiden Planeten seine Anziehungskraft (Schwerkraft) verliert, gerät die Spannung oder das Gleichgewicht in Unordnung, und beide Planeten fliegen auseinander oder stoßen zusammen.

Es ist kein Zufall, daß sich die gleiche Spannung zwischen Männern und Frauen ereignet. Sie ist in jeder guten Beziehung vorhanden. Auch hier herrscht ein Gleichgewicht zweier Kräfte. Der Mann fühlt sich zu der Frau, die Frau zu dem Mann hingezogen, und beider Anziehungskraft ist gleich stark. Wenn etwas geschieht, das dieses

Gleichgewicht durcheinanderbringt, gibt es in der Beziehung Schwierigkeiten.

Aber die Spannung hat mit mehr zu tun als nur mit Gleichgewicht. Echte Spannung ist auch da, wo zwei Kräfte sich miteinander vereinen und einen vorübergehenden Zustand der Harmonie erreichen. Diese Harmonie ist stabil, aber voller Energie – die beste Beschreibung für eine gutgehende sexuelle Beziehung.

Ich möchte diese Art der Spannung gern mit den Ausdrücken des Tai Chi beschreiben. Tai Chi ist eine orientalische Kunst, die in letzter Zeit in Amerika immer populärer wird. In dieser Kunst gibt es eine Übung, die man mit einem Partner zusammen ausführen kann, um genau den richtigen Spannungszustand zu erreichen. Sie wird ›Ziehen und Schieben‹ genannt.

Sie stehen sich beide gegenüber und legen ihre Unterarme und Hände aneinander. Dann fängt einer von beiden an zu schieben. Es geht *nicht* um eine Kraftübung. Der Zweck ist es, so zusammenzuarbeiten, daß beide Arme in ständigem Kontakt und scheinbar ruhig bleiben, während einer dauernd nach vorn drückt.

Der andere Partner kompensiert diesen Druck. Wenn man das oft genug übt, wird man langsam die Stärke des Druckes spüren, eventuelle Veränderungen im voraus erfassen können und sie sogleich kompensieren, indem man sich auf sie einläßt. So fangen beide an, als eine Einheit zu arbeiten. Die Hände können sich ein bißchen bewegen, wenn der Druck sich verändert, aber sie bleiben im wesentlichen stabil, da jeder die Abweichungen des anderen sofort ausgleicht. Sie können sogar fest zudrücken. Ihr Partner wird dies vorausahnen und sofort reagieren, indem er die Kraft absorbiert und dann sofort zurückgibt.

Bei dieser Übung werden sehr viel Kraft und Energie durch die Hände übertragen, die während der ganzen Zeit stabil bleiben – ein vollkommener Spannungszustand. Wenn die Übung gelingt, können Sie die Energieströme, die zwischen Ihnen hin und her wechseln, beinahe spüren.

Die meisten Frauen, die ich kenne, wissen um diese Spannung, auch wenn sie es anders nennen. Sie wissen auch, daß sie als wesentlichster Teil zu einer wirklich schönen sexuellen Beziehung gehört. »Wenn ich Liebe mache, ich meine *echte* Liebe, habe ich ein Gefühl, als tanze ich auf einem Seil«, sagte mir eine Frau. »Wir tanzen beide gemeinsam auf einem Seil, aber keiner von uns hat Angst zu fallen. Es ist sehr aufregend, denn natürlich *könnten* wir beide hinunterfallen – aus irgendeinem Grund könnte ja etwas schief gehen. Aber wenn es gutgeht, ist das wirklich der beste Akt. Meine schönsten Träume sind die, in denen ich mich hoch in der Luft fühle. Ich schwebe in der Gefahr, hinunterzufallen, das ist das Aufregende daran, aber ich habe keine Angst.«

Die Spannung ist also das, was der Beziehung und der Sexualität besondere Lebendigkeit verleiht. Sie ist das kleine Extra, das jede Frau sofort erkennt, wenn sie es spürt, und sofort vermißt, wenn sie es nicht erlebt. Diese Spannung entsteht aufgrund vieler Dinge. Viele Frauen finden, daß sie wie beim Seiltänzer aus der Angst vor dem möglichen Versagen zustande kommt. »Die Angst ist immer sofort da«, sagte mir eine Freundin aus New York. »Sie ist immer bei Liebe und Sex vorhanden. Schon bei der ersten Verabredung steht sie Pate. Ich weiß nicht, was ich von ihm erwarte, er weiß nicht, was er von mir erwarten kann. Beide sind ein wenig verängstigt. Wenn aber alles gutgeht, ist diese Angst wunderschön.«

Was aber geschieht nach dieser ersten Begegnung, nach dem ersten Geschlechtsverkehr? Was passiert in der Mitte einer lang andauernden Beziehung, wenn die Angst vor dem Versagen keine reale Möglichkeit mehr ist – oder zumindest nicht mehr stark genug, um eine echte Spannung zu erzeugen?

Eine Bekannte von mir, die seit über zehn Jahren glücklich verheiratet ist, beklagte sich mir gegenüber (wenn wir allein waren), daß ihr Mann Bob im Bett immer langweiliger würde. »Unser Sex ist wie ein Lebensmitteleinkauf«, sagte sie mir einmal. »Wenn ich hungrig bin, sehen die Nahrungsmittel appetitlicher aus, und ich kaufe mehr, aber es ist und bleibt ein Einkauf im Supermarkt.« So etwas kann passieren, wenn in der Liebe keine Spannung mehr vorhanden ist.

Glücklicherweise ist diese Art von Angst nur

eine Quelle der Spannung beim Liebesakt. Es gibt noch so viele andere Möglichkeiten, so wie es viele gute, liebevolle sexuelle Beziehungen gibt – und befriedigte Frauen. Und was das Schönste daran ist, diese Möglichkeiten schleifen sich nicht so schnell ab wie die Spannung bei der Angst vor dem ersten Mal. Basierend auf der ›Ziehen und Schieben‹-Spannung zwischen zwei Menschen, kann diese Dynamik die Beziehung über lange Zeit hinweg am Leben erhalten und ständig wachsen lassen.

ÜBERLEGEN/UNTERLIEGEN

In der alten, stereotypen Beziehung war der Mann ständig überlegen, während die Frau nur die Unterlegene spielte. Es war eine unausgeglichene Beziehung und entbehrte jeglicher Spannung. Heute, da beide Partner abwechselnd jede Rolle übernehmen können, gewinnt das Zusammenspiel eine neue Komponente der Ungewißheit, die geradezu perfekt dazu dient, eine positive Spannung zu erzeugen.

»Es liegt wirklich alles in der Luft«, sagte ein Lehrer aus einer Bostoner Vorstadt. »Und genau das mag ich. Jedesmal, wenn wir zusammen ins Bett gehen, müssen wir uns von neuem entdecken. Es kann einfach alles passieren, und gerade das ist so aufregend. Wir erleben diese Lebendigkeit nun schon fast fünf Jahre, und ich kann es immer noch kaum erwarten, wieder mit ihr ins Bett zu gehen.«

Alle Menschen – Männer wie Frauen – schwanken zwischen Augenblicken voller Selbstvertrauen und Momenten von Verletzlichkeit hin und her. Diese Tatsache ist eine Urquelle für eine konstruktive sexuelle Spannung. Viele Frauen finden selbstsichere Männer ungeheuer erregend. Aber dieses Gefühl verschwindet bald, wenn der Mann nicht in der Lage ist, seine Verletzbarkeit zu zeigen. »Ich sage ihnen, was sexy ist«, vertraute mir eine attraktive, junge Sekretärin aus New York an. »Ein Mann, der stark genug ist, keine Angst vor seiner Unsicherheit zu haben und sie ab und zu einzugestehen.«

Viele Frauen sind sich darin einig, daß nichts sie kälter läßt als Vorhersehbarkeit. Einer meiner Freunde erkennt diesen Sachverhalt dadurch an, daß er fast jedes seiner Gespräche – besonders Unterhaltungen, die sich mit Sexualität befassen – mit dem Satz beendet: »Fahre fort, sie in Frage zu stellen.« Es ist immer fraglich, was als nächstes geschehen wird. Demonstriert er seine Autorität? Oder gesteht er seine emotionalen Bedürfnisse ein? Eine sexuelle Spannung liegt in der Luft, und ein schöner Geschlechtsakt ist in Aussicht.

ZÄRTLICHKEIT/LEIDENSCHAFT

Im Bett haben sowohl Zärtlichkeit als auch Leidenschaft ihren angemessenen Ort. Aber nur das eine oder nur das andere wird schnell zur Langeweile führen. »Einige Männer sind zu heftig, andere zu lasch«, sagte eine Frau. »Ich halte beide für Nieten. Das Beste am Sex ist doch, wenn beides gleichzeitig geschieht. Ein Teil in mir möchte aufs Kreuz gelegt werden, der andere wünscht sich Liebe. Manchmal glaube ich, die einzige Lösung wäre, mit zwei Männern gleichzeitig ins Bett zu gehen.«

Eine Frau sollte nicht soweit gehen müssen, um sexuelle Befriedigung zu erhalten. Ein Mann, der sowohl Zärtlichkeit wie Lust empfinden und zeigen kann, wird ihr genügend Aufregung und Befriedigung beim Liebesakt schenken können.

VERTRAUT/FREMD

Ein Weg, die sexuelle Spannung aufrecht zu erhalten, ist die Balance zwischen vertrauten Handlungen und fremden Experimenten. Eine Frau, die gern am Rande der Ungewißheit herumtänzelt, ist wie eine Seiltänzerin, die mit der Gefahr flirtet. Sie hat immer Angst, etwas zu verlieren oder einen Fehler zu machen, Schmerzen oder Unbehagen zu verursachen. Aber gerade diese Angst macht das Spiel zu einem aufregenden Erlebnis.

»Im Bett bin ich eigentlich nicht so experimentierfreudig«, sagte eine Hausfrau aus dem Mittleren Westen. »Aber ab und zu probiert mein Mann etwas Neues mit mir aus. Das kommt ganz unerwartet. Er ist ein Fuchs. Er macht es gerade so oft, daß ich mir nie sicher bin, wann er mich das nächste Mal überraschen wird. Und er hat so schöne Überraschungen für mich!«

Ein Mann, der weiß, wie man mit einer Frau Liebe macht, kann diese verschiedenen Spannungsquellen ebensogut einsetzen, wie er verschiedene Techniken und Positionen gebraucht – um noch befriedigendere, noch bedeutendere Liebe zu machen, um die Funken sprühen zu lassen.

Er sollte zum Beispiel spüren können, wann seine Partnerin die dominierende Rolle übernehmen möchte, und diesem Wunsch entgegenkommen, indem er sich eine Zeitlang unterwirft. Aber er sollte nicht in dieser Lage verharren. Wie bei der Tai-Chi-Übung sollte er sich dem ausgeübten Druck immer anpassen. Aber dabei sollte nicht so viel Gegendruck entstehen, daß die Partnerin sich in ihren Dominanzerfahrungen entmutigt fühlt. Die Kraft sollte gerade ausreichen, die Spannung aufrechtzuerhalten. Die Ungewißheit, was als nächstes geschehen wird, muß bleiben.

Im selben Zusammenhang sollte der Mann wissen, wann er auf die Selbstsicherheit einer Frau mit Verletzbarkeit antworten kann und wann er auf ihre Zärtlichkeit mit Leidenschaft reagieren soll.

»Eine der Tatsachen, die Sex so schön machen, liegt darin, daß er so unheimlich kompliziert ist«, sagte eine hübsche Buchhalterin bei einem Einzelhandelsbetrieb im Mittleren Westen. »Es geschieht so viel gleichzeitig. Es gibt so viele Möglichkeiten. Es erinnert mich oft an eine Zirkusnummer, in der ein Mann fünfzehn Teller gleichzeitig tanzen läßt. Guter Sex ist genauso.«

Es ist eine gute Hilfe, sich der Spannung beim Liebesakt ständig bewußt zu sein. Es wäre zu einfach, in langweilige Routine und Muster zu verfallen, immer das gleiche zu tun und immer gleich darauf zu reagieren. Die meisten Frauen, mit denen ich gesprochen habe, sagten mir, daß dieses das größte sexuelle Problem sei. »Es ist alles so vorhersehbar«, lamentierte eine Hausfrau aus New Jersey. »Ich weiß, wann er anfangen wird zu stöhnen. Ich weiß, was er sagen wird, ich kenne die Art, wie er seine Zähne zusammenbeißt.«

Und eine verheiratete Frau aus New York gestand: »Ich bin fast so schlimm wie mein Mann. Es ist jedesmal dasselbe. Er macht dies, ich mache dann das, er wiederum jenes. Manchmal fühle ich mich wie in einem Dauerbrenner am Broadway.«

Wenn ein Mann es lernen kann, die kreative, sexuelle Spannung in einer Beziehung richtig zu verstehen und einzusetzen – ob nun im oder außerhalb des Bettes –, findet er auch völlig neue Wege dafür.

Aber er kann diesen kreativen Weg nur gehen, wenn er die volle Teilnahme seiner Partnerin zur

Verfügung hat. Er muß ihr aktives Mitspielen erwarten und fördern. Es ist kein Ding, das er eines Tages mit nach Hause bringen und der Liebe überstülpen kann. Der Lernprozeß muß genau wie bei der Tai-Chi-Übung gegenseitig sein.

13. Sexualtherapie

Viele Männer, die ernsthafte sexuelle Probleme haben, schrecken davor zurück, einen Sexualtherapeuten aufzusuchen. Egal, wie sehr ihre Beziehungen darunter leiden, sie zögern den Moment, in dem sie professionelle Hilfe suchen sollten, immer wieder hinaus. »Ich hatte in meiner Familie nur zwei echte Probleme«, sagte eine Hausfrau aus Connecticut. »Meinen Sohn zum Zahnarzt zu bringen, damit er sich seine Weisheitszähne ziehen ließ, und meinen Mann dazu zu überreden, daß er einen Sexualtherapeuten aufsuchte.«

Die Frauen sind nicht die einzigen, die es fast so schwierig finden, ihren Mann zum Sexualtherapeuten zu bringen, wie einen Zahn ziehen zu lassen. Die Therapeuten klagen selbst darüber, daß die meisten Männer sich nur unwillig in ihre Praxen schleifen lassen. »Bei jedem Paar fällt mir auf, daß es immer eine treibende Kraft gibt, eine Person, die zuerst auf die Idee kam, mich aufzusuchen«, sagte ein bekannter Sexualtherapeut aus New York. »Bei neun von zehn Paaren – nein, bei neunundneunzig von hundert Paaren – ist es die Frau.«

Warum sind die Männer so zurückhaltend? Zum Teil liegt es an ihrem Machtkomplex. Eines der berühmtesten Zitate aus John-Wayne-Filmen ist der Satz, mit dem der Herzog einen jüngeren Mann zurechtweist, der sich bei ihm entschuldigt hat. »Entschuldige dich nicht, mein Sohn. Das ist ein Zeichen von Schwäche.« Für viel zu viele Männer ist heute die Einwilligung, einen Therapeuten aufzusuchen, das gleiche, als würden sie sagen: »Entschuldigung, wir haben sexuelle Probleme.« Also ein Zeichen der Schwäche.

Männer reagieren so empfindlich auf sexuelle Kritik, daß sie zu allem möglichen bereit sind, um sie zu vermeiden. Sie haben eine irrationale Angst davor, plötzlich ein großes rotes ›I‹ auf dem Rükken zu tragen, das sie für immer als impotent brandmarken wird, oder ein großes ›VE‹ für die gefürchtete vorzeitige Ejakulation. Im tiefsten Herzen hegen sie eine solche Angst, diese Dinge könnten wahr und damit unabänderlich sein, daß sie es nicht ertragen, die Bestätigung durch einen Experten zu erhalten.

Auch wenn ihnen die eigene Frau oder ein Freund diese Möglichkeit vorschlägt, damit ihnen geholfen werden kann, mißverstehen sie dies als ernsthafte Zurückweisung.

»Als mir meine Frau das erste Mal etwas von Sexualtherapeuten erzählte, bin ich fast die Wände hochgegangen«, sagte mir einer der wenigen Männer, die überhaupt bereit waren, mit mir über dieses Thema zu sprechen. »Ich dachte sofort, daß sie mir auf sehr subtile Art andeutete, sie wolle sich scheiden lassen. Ich konnte eine Woche lang nicht schlafen, und der Gedanke an Sex machte mich völlig kaputt. Dann dachte ich, ›Jetzt brauche ich wirklich eine Therapie‹. Und so hat sie doch gewonnen.«

Die Tatsache, daß Männer so sehr zögern, für ihre sexuellen Probleme fachliche Beratung aufzusuchen, heißt nicht, sie hätten so etwas nicht nötig. Masters und Johnson schätzen, daß ungefähr die Hälfte aller amerikanischen Männer und Frauen in eine Beziehung verstrickt sind, die dieses oder jenes sexuelle Problem beinhaltet. Und wenn man nach den Frauen urteilt, die ich interviewt habe, sind diese Schätzungen etwas veraltet.

»Ich will Ihnen nicht erzählen, mit wie vielen Männern ich geschlafen habe«, sagte eine schöne, rothaarige Computertechnikerin, ungefähr zwanzig Jahre alt. »Aber ich vermute, daß drei von vieren ernsthafte Probleme hatten – und wenn ich ernsthaft sage, meine ich das auch.«

Um etwas mehr über sexuelle Probleme und deren Therapie zu erfahren, ging ich zu einem prominenten Psychologen in Chicago, der sich auf dieses Fachgebiet spezialisiert hatte. Ich möchte hier gern wiedergeben, was er mir erzählt hat, damit vielleicht die Männer, die dieses Buch zur Hand nehmen, einen besseren Einblick in die Tätigkeiten eines Sexualtherapeuten gewinnen können. Vielleicht können sie sich auch einer eigenen Behandlung zu Hause unterziehen.

WARUM HABEN MÄNNER SEXUELLE PROBLEME

Bei den Männern ist die Ängstlichkeit, genau wie bei den Frauen, die Hauptursache für diese Probleme. »Dies ist ein elementarer Lehrsatz: wenn Sie Angst haben, ob Sie den Akt vollziehen können, wird es für Sie viel schwieriger, den Penis hochzukriegen und hochzuhalten«, sagte der berühmte Psychologe und Therapeut aus Chicago. »Wenn Sie Schwierigkeiten mit der Erektion haben, wird ihre Anspannung alle anderen Gefühle überlagern, und Sie haben so gut wie keine Chance, eine Erektion zu erlangen.

Das Problem ist, daß Sie keine Erektion erreichen werden, solange Sie Ihr Selbstvertrauen nicht gewinnen, solange Sie keine Erektion hatten. Unsere Aufgabe als Therapeuten besteht darin, diesen Teufelskreis so früh wie möglich zu unterbrechen, bevor er außer Kontrolle gerät.«

Gelegentlich auftauchende sexuelle Probleme können oftmals ganz einfach mit der Hilfe einer mitfühlenden, liebevollen sexuellen Partnerin gelöst werden. »Für kleinere sexuelle Probleme gibt es viele Möglichkeiten der ›Heimkuren‹«, sagt mein Therapeut, der gleichzeitig Psychologe ist. »Voraussetzung ist natürlich, daß Sie mit der richtigen sexuellen Partnerin zusammenleben.«

Mit der ›richtigen, sexuellen Partnerin‹ meint er eine Frau, die bereit ist, Ihren sexuellen Bedürfnissen größere Priorität zu geben – und vor allem der

Lösung Ihrer Probleme – als ihren eigenen im Augenblick vorherrschenden Wünschen. Eine Frau, die mehr Interesse daran hat, Liebe zu machen, als einfach nur Sex zu praktizieren.

WAS KANN MAN GEGEN IMPOTENZ TUN?

»Bald werde ich den Sex ganz aufgeben.« Das war Nancys dramatische Einleitung. »Ich bin innerhalb von vier Monaten mit sieben – *sieben* – Männern im Bett gewesen, und nicht ein einziges Mal hat es mit dem Sex geklappt. Ich fühle mich wie ein totaler Versager. Ich sehe einen Mann öfter, wir mögen uns, dann gehen wir ins Bett, und irgend etwas geht immer schief. Er kriegt ihn nicht hoch, er kommt zu früh, irgend etwas passiert immer.

Mein schlimmstes Erlebnis hatte ich mit Jon. Er arbeitet bei uns im Büro. Ich finde ihn herrlich. Sensibel, intelligent, Sinn für Humor ... Als wir das erste Mal zu seiner Wohnung fuhren, gingen wir miteinander ins Bett und streichelten uns eine Weile. Es war großartig, aber dann passierte gar nichts mehr. Ich fing an, mich ziemlich eigenartig zu fühlen. Ich meine, ich lag da so neben ihm, und er hatte überhaupt keine Erektion, nichts. Dann sagte er mir, er müsse sich selbst berühren, um eine Erektion zu kriegen. Das hat mich fast umgehauen. Es war schon schlimm genug, daß er fünfzehn Minuten lang an sich rumhantierte, aber er hatte nicht einmal Erfolg dabei. Ich war total deprimiert. Nach einiger Zeit schlug er mir vor, mich nach Hause zu fahren. Seitdem habe ich ihn nicht mehr gesehen. Es ist zu schade, aber ich weiß wirklich nicht, wie ich mit diesen Problemen fertig werden soll.«

Ich fragte den Therapeuten, was er Nancy geraten hätte, wenn sie zu ihm gekommen wäre.

»Das Problem ist, daß viele Frauen, besonders jüngere Frauen, die Schuld bei sich selbst suchen, wenn ihr Partner Schwierigkeiten mit der Erektion hat.

Aber wenn Frauen älter werden, entwickeln sie normalerweise mehr Verständnis für die Situation. Die meisten Frauen mögen Männer, die sich gelegentlich auch mal verletzlich, aufrichtig und bedürftig zeigen. Sie mögen es ebenfalls, wenn der Mann ihnen versichert, daß er mit ihnen schlafen will, um seine Liebe zu ihnen auszudrücken, nicht nur um seine sexuelle Erleichterung zu erhalten. Wenn Jon ehrlich zu ihr gewesen wäre, hätte sie ihm wahrscheinlich genau das gegeben, was er brauchte – Liebe ohne den Zwang, den Geschlechtsakt ausführen zu müssen.

Ich habe verschiedene Frauen gefragt, wie sie denn auf eine so ungewöhnliche Forderung reagieren würden. Eine Freundin aus Boston berichtete mir sofort, daß sie einen Mann gekannt hatte, den sie sexuell sehr attraktiv gefunden und der ihr wirklich diese Frage gestellt hatte. Er hätte sich überhaupt nicht dafür entschuldigt, sagte sie. Er erzählte ihr nur ganz nebenbei von seinem Problem, und anstatt entsetzt zu sein, hatte sie sich über seine Offenheit und sein Vertrauen zu ihr gefreut.

»Es war wunderschön. So offen und intim. Für mich war es eine Herausforderung. Der Gedanke, ich könnte vielleicht die erste Frau sein, die ihm zu einem Orgasmus verhalf, hatte mich richtig aufgeregt. Außerdem fühlte ich mich befreit, ich hatte plötzlich die Kontrolle. Manchmal war es natürlich tödlich frustrierend. Ich brauchte drei Monate, bis ich ihn so weit hatte, daß er sich frei genug fühlte, um eine befriedigende Erektion zu erreichen. Aber es hat sich gelohnt. Unsere Freundschaft ging schließlich auseinander, aber ich habe noch immer engen Kontakt zu ihm. Die Frauen, die Impotenz für ein Zeichen der Zurückweisung halten, versäumen eine Menge.«

Ich fragte den Therapeuten aus Chicago, was er Jon zur Bewältigung seiner Schwierigkeiten geraten hätte.

»Jon muß sich klar machen, daß er sich keine Erektion auf Wunsch verschaffen kann. Ein Penis arbeitet nicht auf Kommando. Nur die sexuelle Erregung kann eine Erektion hervorrufen. Je mehr er sich über seine Unfähigkeit aufregt, desto mehr wird er seine Erregung unterdrücken, und desto unwahrscheinlicher ist es, daß er eine Erektion bekommen wird. Die beste Behandlungsmethode gegen Impotenz ist es, ins Bett zu gehen und den Gedanken an eine Erektion oder einen möglichen Geschlechtsverkehr bewußt beiseite zu lassen.

Er kann sonst alles tun, was ihm gefällt – küssen, Petting, oraler Sex. Aber er sollte *nicht* versuchen, einen steifen Penis zu kriegen. Wenn er nach ein paar Abenden fühlt, daß seine Erektion langsam kommt, sollte er nicht gleich versuchen, etwas damit anzufangen. Er sollte ja nichts überstürzen. Erst wenn sich diese Erektion zu einem regulären Zustand entwickelt – und das sollte sie eigentlich, sonst liegen ernsthafte medizinische Probleme vor –, kann er vorsichtig damit beginnen, in die Vagina einzudringen.

Ich würde ihm raten, den Penis von seiner Partnerin einführen zu lassen, damit er durch diesen mechanischen Prozeß nicht abgelenkt wird. Er selbst sollte sich auf sein Genußgefühl konzentrieren. Sobald der Penis eingeführt ist, kann er langsam anfangen, ihn zu bewegen. Wenn er dabei seine Erektion wieder verliert, ist das kein Grund zur Sorge mehr – sie kommt bestimmt wieder. Wenn nicht in dieser Nacht, dann in der nächsten. Außerdem sollte er sich überhaupt keine Gedanken um den Orgasmus machen, weder um seinen eigenen noch um ihren. Er würde sich nur wieder unter Druck gesetzt fühlen, und das ist das letzte, was er im Augenblick gebrauchen kann.

Wenn er dies alles versucht hat und seine Angst dabei überwinden kann, wird es klappen. Schließlich wird er einen Orgasmus erleben – es gibt dann nichts mehr, was ihn daran hindern kann. Und nach diesem ersten Orgasmus hat er seine psychische Blockade überwunden. Von da an sollte es kaum noch Schwierigkeiten geben.«

WAS KANN MAN BEI VORZEITIGER EJAKULATION TUN?

Viele Männer – vielleicht die große Mehrheit – ejakulieren lange, bevor sie ihre Partnerin zu einem Orgasmus gebracht haben. Das führt dazu, daß viele Frauen – vielleicht die große Mehrheit – mit ihrem sexuellen Leben unzufrieden sind.

Natürlich ist ›vorzeitige Ejakulation‹ ein relativer Begriff. Er bezieht sich nur auf den Sachverhalt, daß sie vor dem weiblichen Orgasmus stattfindet. Es gibt keine allgemeingültigen Stundenpläne. Man muß nur versuchen, die Ejakulation so lange zurückzuhalten, daß man der Partnerin das größtmögliche Vergnügen bereiten kann. Das Problem liegt darin, daß Frauen bis zu ihrem Orgasmus viel länger brauchen als Männer. Manchmal dauert es zwanzig Minuten oder sogar noch länger.

Selbstverständlich können Sie ihre Klitoris noch lange, nachdem es Ihnen selbst gekommen ist, stimulieren. Aber der Geschlechtsverkehr ist für beide viel schöner, wenn Sie es lernen können, Ihre Erektion so lange wie möglich aufrecht zu erhalten. Das *kann* man. In manchen tantrischen Übungen in Indien ist es Männern schon gelungen, länger als eine Stunde Geschlechtsverkehr auszuüben, ohne dabei zu ejakulieren.

Was kann der Therapeut bei vorzeitiger Ejakulation tun?

»Es gibt einige *schlechte* Methoden, der vorzeitigen Ejakulation vorzubeugen«, sagt mein Therapeut. »Da die Ursache des Problems hier oben (im Kopf) liegt, versuchen viele Behandlungen, die Gedanken von Sex abzulenken, während der Körper erregt wird. Männer versuchen, an irgendwelche Objekte zu denken, die mit der Sache überhaupt nichts zu tun haben, oder sich durch Schmerzen – gewöhnlich beißen oder kneifen – zu zerstreuen.

Aber diese Ablenkung von der Konzentration ist genau das Problem dieser Methoden. Ich denke daran, wie die Frau eines meiner Patienten gesagt hat: ›Es ist mir egal, ob sein Penis dann in meiner Scheide ist oder nicht. Wer will noch seinen Penis, wenn seine Gedanken sich mit dem nächsten Baseballspiel im Fernsehen beschäftigen? Ich will *ihn*, nicht nur seine Genitalien!‹ Diesen Satz habe ich wohl schon vor hundert und mehr Klienten zitiert. Beim Liebesakt ist Konzentration wichtiger als Penetration.«

Und welche Methoden, die vorzeitige Ejakulation zu unterbinden, sind ›gut‹?

»Wie bei jeder Therapie ist eine kooperative, liebevolle Partnerin das wichtigste Hilfsmittel. Die Methode, die ich vorschlage, wird ›Preßtechnik‹ genannt. Sie ist etwas kompliziert – aber wenn man sie richtig ausführt verhältnismäßig wirksam.

Wenn ein Mann kurz vor der Ejakulation steht,

kann er sie normalerweise anhalten, indem er seinen Daumen gegen das Frenum preßt – die empfindliche Unterseite des Penis, wo die Drüsen in den Penisschaft übergehen. Man hebt den Penis mit ein oder zwei Fingern an und drückt leicht, ja nicht zu fest, auf diesen Punkt. Es dauert nur ein paar Sekunden.

Sie können es selbst machen oder Ihrer Partnerin beibringen. Sie müssen ihr natürlich sagen, wann sie diesen Druck ausüben soll. Sie muß es lernen, mit dem Finger das Pulsieren erfassen zu können, das die sofortige Ejakulation andeutet. Vermeiden Sie zu Anfang den Geschlechtsverkehr. Bitten Sie sie zuerst um eine manuelle oder orale Erregung. Wenn sie es gelernt hat, den Druck vorsichtig und rechtzeitig auszuführen, kann sie sich auf Sie legen und Ihren Penis vorsichtig in ihre Vagina einführen. Sie nimmt ihn mit den Fingern an der Basis.

Die erste Stufe ist die Penetration, noch nicht der Koitus. Lassen Sie sie alle Bewegungen bestimmen, so daß Sie aller Verantwortlichkeit enthoben sind. Positionen, bei denen Sie obenauf liegen, kommen nicht in Frage. Wenn Sie kurz vor dem Orgasmus stehen, sollte *sie* Ihren Penis zurückziehen und den bestimmten Punkt leicht pressen. Nach einer gewissen Zeit werden Sie in der Lage sein, die Erektion viel länger ohne Ejakulation aufrecht zu erhalten.«

Nur wenige Männer haben wirklich physiologische sexuelle Probleme. Diese haben *immer*

Schwierigkeiten mit der Erektion. Jeder, der fortgesetzt unter sexuellen Schwierigkeiten leidet, sollte irgendwann die Möglichkeit in Betracht ziehen, daß körperliche Ursachen dafür vorliegen – das heißt, daß nicht unbedingt die Psyche dafür verantwortlich ist. Diabetis, Drüsenkrankheiten, Verletzungen des zentralen Nervensystems und Drogenmißbrauch sind als Ursachen der Impotenz anerkannt worden.

Es muß aber noch einmal betont werden, daß der Prozentsatz der Männer mit physiologischen Funktionsstörungen äußerst gering ist. Auf jeden Mann, der eine körperlich bedingte Impotenz oder vorzeitige Ejakulation erleidet, kommen hundert Männer, deren gelegentliche Probleme durch psychologische Faktoren bestimmt sind – Arbeitssorgen, Streß, Alkohol, zu große Anspannung in bezug auf den Geschlechtsverkehr. Die Liste ist wohl genauso vielseitig wie die betroffenen Opfer.

Ernsthafte, fortgesetzte sexuelle Probleme – auch wenn sie aus psychologischen Gründen entstehen – erfordern professionelle Hilfe.

14.
Ein lebendiges Feuer

Vor nicht allzu langer Zeit besuchte meine Freundin Suzanne wieder einmal New York. Als ich sie vom Flughafen abholte, fiel mir auf, wie schön sie war. Selbst in dieser Menschenmenge stach sie durch ihre sprühende Lebhaftigkeit hervor, konnte ich ihre großen, dunklen Augen sehen. Ich hatte plötzlich das Gefühl, daß wir uns ineinander verlieben würden.

Während wir in die Stadt zurückfuhren, erzählte ich ihr, daß das Buch nun beinahe beendet sei, daß ich aber noch etwas Schwierigkeiten mit dem Schluß hätte. Es sei irgendwie noch nicht vollständig – es fehlte noch ein wesentlicher Punkt. Sie bot mir an, mit mir in die Wohnung zu fahren und es sich einmal anzusehen.

Wir zogen unsere Mäntel aus, und ich goß uns einen Brandy ein. Dann folgte sie mir zum Schreibtisch, der mit zusammengeknüllten Papierfetzen übersät war.

»Was möchtest du denn noch sagen?« fragte sie.

Ich dachte eine Weile nach. »Ich versuche immer noch, etwas von dem Geheimnis zu vermitteln, das zwei Menschen erleben, wenn sie sich lieben.

Weißt du, dieses heitere, ruhige Glücksgefühl, das sie teilen, wenn sie körperliche Liebe machen. Für viele Menschen ist diese sexuelle Erfahrung, glaube ich, eine spirituelle Erfahrung – vielleicht die einzige, die sie je erleben.«

»Hm«, sagte sie und strich mit dem Finger über den Bücherstapel, der sich während der Arbeit an diesem Buch angesammelt hatte. »Was meinst du genau damit?«

»Nun«, antwortete ich, »wenn man eine Frau berührt, die man liebt, schafft man eine Verbindung, die viel mehr ist als nur körperlich. Es ist, als ob die Finger in ihrem Körper verwurzelt wären. Eine plötzliche Vereinigung. So als würde Energie von mir auf sie überströmen, und jeder Augenblick, jede Empfindung und alle Freude erhalten eine neue Dimension.

Ich glaube, danach sehnt sich jede Frau. Dieses besondere Etwas macht Sex zu Liebe und Männer zu guten Liebhabern.

Und ich meine außerdem, daß jeder Mann dazu fähig ist, einer Frau, die er liebt, dieses Etwas zu vermitteln. Er gibt ihr dabei das Gefühl, sie sei ein Teil von ihm und er ein Teil von ihr. Er braucht dazu keine besonderen Talente. Ganz bestimmt muß er nicht gut aussehen. Viel wichtiger ist sein Mut, ein emotionales Risiko einzugehen, sich der Ekstase, in der zwei Körper zu einem werden, zu öffnen.

Wenn er all seine Zuneigung und Aufmerksamkeit auf sie konzentriert, wird der Kontakt beider

Körper wie durch sexuelle Elektrizität aufleben. Beide teilen die seltenste Art von Intimität.

Wenn sie auf dieselbe Art antworten, werden ihre Körper ineinander überfließen, mit den Augen und an den Stellen, an denen sie sich berühren. Beide Personen werden in einer vollkommenen, mystischen – beinahe spirituellen – Weise miteinander verbunden sein, die das Wesen des Liebesaktes ist.«

»Ich glaube, ich weiß, worauf du hinauswillst«, sagte sie leise. »Ich habe genau das richtige für dich. Warum zitierst du nicht einfach D. H. Lawrence? Ich weiß, daß du *Liebende Frauen* besitzt, denn ich habe es mal bei dir ausgeliehen. Ich will dir eine Stelle darin zeigen. Wo stehen deine Romane?«

Ich führte sie zum Bücherregal und zog nach einigem Suchen einen schon etwas zerlesenen Band heraus. Sie setzte sich neben mich auf die Couch und begann zu lesen. Nach einer Weile wendete sie sich mir zu, legte ihre Hand auf meinen Arm und sagte: »Hier ist es – meine Lieblingsstelle:«

»Sie folgte mit den Händen der Linie seiner Lenden und Schenkel, und ein lebendiges Feuer floß dunkel in sie hinüber, ein Strom der Leidenschaft, den sie in ihm auslöste und in sich hinabzog. Nun hatte sie zwischen ihm und sich selbst den Stromkreis hergestellt, die Kräfte verbunden und zu voller sprühender Gewalt aus den geheimsten Polen des Körpers befreit. Elektrisches Feuer stürzte von ihm in sie hinüber und lohte in ihnen beiden, Friede, Erfüllung.

›Mein Geliebter!‹ Sie hob das Gesicht zu ihm empor, mit wonnevoll geöffneten Augen und keuchendem Mund.

›Geliebte!‹ antwortete er, neigte sich zu ihr und küßte sie, küßte sie unaufhörlich.«